DE LA QUESTION SOCIALE.

DE

LA QUESTION SOCIALE

OU

DES CONDITIONS DE LA PAIX INTÉRIEURE.

PAR J. TROTTET.

PARIS

IMPRIMERIE DE MARC DUCLOUX ET COMP.,
RUE SAINT-BENOIT, 7.
LIBRAIRIE, RUE TRONCHET, 2.

1849.

DE LA QUESTION SOCIALE

ou

DES CONDITIONS DE LA PAIX INTÉRIEURE.

CHAPITRE PREMIER.

Observations préliminaires.

De notre temps, plus que jamais sans doute, les livres doivent être des actions; nous n'aurons garde de l'oublier. Bien que la question qui va nous occuper devienne de jour en jour plus grave, nous n'aurions pas rompu le silence, s'il pouvait nous être permis de nous taire plus longtemps. Mais, d'une part, la nature des expériences auxquelles on prétend nous soumettre, de l'autre l'impuissance des barrières qu'on veut parfois opposer au courant, nous imposent un devoir que nous remplirons.

Il est des écrits, d'ailleurs pleins de mérite, qui, tout en exposant avec éclat la situation présente, ont peut-être moins réussi à replacer la question sur son véritable terrain, qu'à faire illusion sur les moyens de la résoudre. L'impuissance de la politique à protéger efficacement la société moderne, ou seulement à se suffire à elle-même, conduit sans doute à rechercher l'appui, à solliciter le concours des puissances morales. Mais il ne faut d'aucune façon oublier les conditions qui rendent ce concours possible; et les conseils, pour être efficaces, doivent moins servir à constater les besoins qu'à fournir le moyen de les satisfaire. Assurément on ne peut trop montrer que le socialisme ne saurait d'aucune manière remplir la misssion qu'il s'attribue; on ne peut assez faire sentir son impuissance à fonder et sa puissance pour détruire. Mais, pour réussir à renverser son influence, il faut franchement reconnaître les causes profondes et lointaines qui lui prêtent un pouvoir si funeste, et ne pas trop ramener là question sociale aux termes de la question politique. Car, à moins de présenter un principe dont le développement permette aux classes sociales d'aspirer sans effort à une unité organique, on se condamne à proposer une union des partis qui, politiquement incomplète et, partant, provisoire, demeure insuffisante, stérile, au point de vue social. Enfin, il devient nécessaire de déterminer, d'une manière satisfaisante, le caractère de la république moderne relativement à la république antique et à la république sociale.

Si l'État n'est pas tout l'homme, en d'autres termes, si le socialisme est à la fois immoral et impossible, il n'en résulte nullement que les besoins auxquels il s'attribue la mission de répondre manquent de réalité, et qu'ils ne doivent pas être pris en sérieuse considération. Les individus, soutenus, autant qu'il se peut, par l'État, sont dès lors appelés à rendre le socialisme inutile en cherchant, par une autre voie, à satisfaire ces besoins. Il y a donc à ce sujet, et indépendamment de l'application des sentiments chrétiens, des moyens d'action à signaler ou des devoirs à faire reconnaître : on ne saurait les passer sous silence sans s'exposer à rendre les moyens qu'on propose dans tous les cas propres peut-être à parer momentanément les périls qui nous menacent, mais non assurément à surmonter ces périls d'une manière définitive.

Nous ne saurions, sans doute, donner au sujet qui va nous occuper les développements dont il est susceptible, sans nous engager trop avant dans le domaine de la philosophie sociale. Mais, comme nous nous proposons dans ces pages un but essentiellement pratique, nous pouvons, sans risquer d'être trop incomplet, nous limiter aux développements qui vont suivre.

CHAPITRE II.

*Caractère général du développement de la société
en France.*

On ne saurait, dans aucun cas, indiquer d'une
manière sûre les moyens de combattre le mal dont
nous souffrons, avant d'avoir déterminé la nature
des éléments constitutifs de la société française.
De l'importance relative qu'on attribue à ces éléments doit dépendre l'efficacité du remède qu'on
propose.

Or, on compte, en France, deux partis histori-
ques naturellement constitués, ou qui sont issus du
développement même des faits. Au delà, on n'a
guère entrevu qu'une masse inconsistante qui, se
rattachant, suivant les circonstances, à l'un ou à
l'autre de ces partis, se trouve livrée à la merci des
influences qui la travaillent.

Sans parler du peu d'unité intérieure que présente la bourgeoisie, nous allons montrer qu'en
France les partis politiques naissent du développement exclusif des classes sociales, et qu'ils mani-
festent leur existence du moment même où ces

classes se constituent. Nous verrons bientôt si la société française n'est pas arrivée au moment d'offrir tous les éléments nécessaires à la formation naturelle d'un troisième parti.

Et d'abord, le mot Démocratie, désignant dans la langue du jour, tout aussi bien les besoins qui se sont produits que les moyens pervers ou faux auxquels on voudrait recourir pour les satisfaire, offre un sens non moins vague dans le premier cas qu'inexact dans le second. Ce mot, dont l'empire est incontestable et qui, dans sa plus mauvaise acception, n'est qu'un voile jeté sur le mal, ne saurait en être considéré comme l'origine ou la cause. Il n'a, en effet, que le tort de répondre vaguement à un fait, à l'avénement du prolétariat sur la scène politique, et à son action dans l'État contre ou avec les autres classes ou les autres partis. Sinon, quoi que l'on dise, il manque de réalité, et, ne correspondant à rien, on ne doit pas s'en effrayer outre mesure. Limiter le mal aux agitateurs, qui prennent ce mot magique pour devise, et dont l'influence resterait ainsi inexpliquée, ce serait en faire oublier la cause, ou chercher à guérir un autre organe que l'organe attaqué.

En effet, tout le mal, le mal sous toutes ses formes, la source immédiate, la cause suprême du mal se trouve dans le caractère universellement exclusif du développement de la société française qui, au lieu de former un corps social organique, vint successivement instituer des classes ennemies.

Ce caractère d'exclusion, qui put être favorable à telle époque donnée de l'histoire politique, s'est produit, de diverses manières et sous diverses formes, dans toutes les sphères de l'activité humaine. Ne pouvant, ici, entrer dans le détail, nous nous contenterons de rappeler les deux faits les plus importants de l'histoire de la société française.

La forme de l'unité nationale, favorisant, avec la centralisation administrative, la concentration de la vie intellectuelle sur un seul point du pays, a puissamment contribué à confisquer le développement de l'activité générale au profit de la civilisation parisienne, qu'elle a rendue de plus en plus absorbante. Ce fait, dont la gravité augmente avec les périls qui nous menacent, devait produire ses conséquences naturelles. Paris, comme tout centre exclusif, ne songeait pas à favoriser, par une organisation plus libre, la formation d'autres foyers de vie, qui, rivalisant d'efforts, pussent étendre son influence, féconder les germes qu'il laissait stériles, élargir le cercle de son activité. Il perdait, en s'isolant, les moyens de renouveler la source de sa civilisation épuisée. Aspirant, pour ainsi parler, à enfermer la France dans ses murailles, il en absorbait les forces vives en les attirant à lui, la dirigeait en lui imposant son autorité; et, annulant tous les éléments qu'il ne pouvait vivifier, il s'appauvrissait lui-même par la dépendance intellectuelle qu'il travaillait à maintenir hors de son enceinte privilégiée. Une semblable tutelle a pu, par le passé, avoir sa raison, sa moralité, son à propos; mais, et les faits le prouvent d'une manière assez sérieuse, elle ne suffit plus à défendre l'unité: elle rendrait de moins en moins facile une union libre et morale, en noyant toutes les existences dans une indécise uniformité; pour retenir un vain fantôme d'unité, elle détruirait l'unité vivante avec l'individualité des provinces, et travaillerait à tarir la source de la richesse nationale. Comme on l'a fait observer, sans le montrer suffisamment ce nous semble, pour opérer le renouvellement de la vie nationale, il faut que les provinces soient appelées à prendre une part plus directe au développement de cette vie, et que, en se pénétrant l'une de l'autre, elles facilitent la transformation d'une unité encore trop exclusive pour offrir assez de points de résistance à l'envahissement des théories socialistes. Alors seulement, la société française pourra former un grand corps organique; et les membres de ce corps, vivant d'une vie toujours plus libre, plus pleine, plus active, se soutiendront incessamment par leurs travaux respectifs, et se sentiront d'autant plus unis qu'ils seront plus efficacement protégés par un pouvoir dont l'égide ne suffit plus à les couvrir. Telle est, à cet égard, la mission de l'avenir, tel l'accomplissement de la liberté.

Cette centralisation absolue aurait donc, désormais, pour conséquence, de rendre insensiblement les provinces comme étrangères à la nation; ne pouvant accomplir une union forte et sûre qu'à condition de devenir de moins en moins locale, ou, si l'on veut, de s'agrandir, elle a dû contribuer à rendre singulièrement exclusive l'histoire de la société française. Cette histoire, en effet, ne présente pas un rapprochement intérieur, une alliance libre et naturelle des classes sociales. Loin de s'unir de plus en plus entre elles, elles sont constamment demeurées l'une en dehors de l'autre, et les diverses phases que leur histoire a parcourues ne sont absolument que le règne successif de chacune d'elles sur la société. Faute de posséder un principe assez profond pour réunir et confondre leurs destinées ou rendre leur transformation constante, elles se sont, chacune à son tour, élevées contre les autres, et, par conséquent, constituées partis sociaux au moins autant que politiques. Grâce à cette prépondérance exclusive, à ce brisement répété du corps social, elles se sont fait obstacle l'une à l'autre et chacune à elle-même; et le développement de la société s'est opéré par une suite de révolutions, qui, à chaque fois, ont renversé une classe, un parti, pour élever sur ses débris un autre parti, une autre classe.

En effet, la révolution de 1789 a détruit la prépondérance de la noblesse et du clergé, pour venir, en 1830, s'accomplir et se régulariser par le règne de la bourgeoisie. Cette classe, comme parti et par suite du cours même des faits, avait été conduite à se constituer en elle-même; et elle s'est si bien mise à part, qu'on a pu dire qu'elle avait, dans l'intervalle, fait la gloire du pays, et fourni seule à la satisfaction de chacun des besoins du moment. Ce qui prouve, sans doute, qu'elle a rempli sa mission, mais, en même temps, qu'à son tour, elle a, comme attiré l'État à elle. La première révolution, transportant donc le pouvoir des mains de la noblesse et du clergé dans celles de la bourgeoisie, le rapprochait doublement de la classe des prolétaires. En se faisant parti, la bourgeoisie ouvrait elle-même à ces derniers la voie où ils l'ont bientôt suivie. Dès lors·, et pour autant qu'elle les laissait en dehors d'elle, elle préparait le terrain au socialisme; et, en lui abandonnant un champ qu'elle aurait dû cultiver, elle lui fournit l'occasion de naître, et tendit, à son insu, à se perdre par sa victoire. Car, dans cette lutte sociale, les classes faisaient si bien, que l'État grandissant par leurs divisions devait paraître la seule force capable de les unir, en achevant de les détruire. Le socialisme, prenant ainsi consistance, et trouvant sa raison d'être dans la préoccupation des classes aisées, a pu insensiblement attirer à lui· les prolétaires. Car, sans doute, ce n'est pas par hasard et sans quelque cause intérieure, qu'il a pris un si formidable développement au sein de la société française, et qu'il s'y attache de préférence et comme naturellement. La prépondérance de la bourgeoisie, conséquence naturelle de celle de la noblesse et du clergé, devait donc facilement faire naître chez les prolétaires le désir d'essayer, à leur tour, la conquête de la France, et préparait, par conséquent, le triomphe du socialisme, qui, sous prétexte de doter le monde de la république moderne, en devenait incessamment le plus redoutable ennemi.

Il n'y a donc rien que d'assez logique dans l'histoire de la société française, et l'on ne saurait glorifier l'une des périodes qui la composent, sans faire plus ou moins, par là, l'apologie des autres. On ne viendra assurément pas prétendre que le développement de la société doive être arrêté avec la bourgeoisie. Pour autant que l'avénement de la bourgeoisie est le résultat d'un triomphe, ce triomphe peut bien faire subir à la société une transformation nouvelle, mais ne saurait absolument marquer le terme de son histoire; et il n'en sera autrement que lorsque cette histoire aura cessé d'être exclusive. Par l'œuvre qu'elle a accomplie, la bourgeoisie a mis les prolétaires, vis-à-vis d'elle-même à peu près, à la place qu'elle occupait jadis vis-à-vis de la noblesse. Aussi longtemps que la bourgeoisie paraîtra négliger quelqu'un des moyens dont elle peut disposer pour soutenir les autres classes, de les aider à conquérir leur place naturelle dans le développement de la société, elle entretiendra l'esprit d'exclusion dans ces classes, et préparera inévitablement le triomphe du socialisme. Poussant, dès lors, le parti qu'ainsi elle forme au-dessous d'elle, à la devancer sur la voie qu'elle a suivie, elle rend, ou peu s'en faut, le triomphe du prolétariat aussi naturel que son propre triomphe, et ne saurait lui contester d'avoir tout aussi bien sa raison dans le développement de la société française.

Aussi, si les classes sociales doivent, pour le coup, cesser d'être des classes exclusives, si elles doivent s'unir pour composer le corps organique de la société, qui, quoi qu'on en dise, n'est pas encore formé, une politique douée d'initiative peut seule surmonter les périls qu'une telle transformation présente, et vaincre le mal sans l'augmenter. Il faut, dès lors, non-seulement, fournir aux partis politiques le moyen de s'unir en leur offrant, dans un principe qui les domine, des garanties qui consacrent les intérêts de chacun d'eux ; mais, pour rendre possible une association durable des légitimistes et de la bourgeoisie avec les prolétaires, il faut, en outre, comprendre ces derniers dans un système d'organisation, qui, tout en garantissant leur indépendance, rattache plus intimement leur destinée à celle des premiers.

Le socialisme établit l'association sur une base qui doit la rendre impossible et détruire toute unité. Si une union véritable veut enfin se produire, il faut nécessairement qu'elle repose sur un principe qui comprenne, sous les rapports essentiels, les partis qui doivent s'unir, dans lesquels ils aient une vie commune, des intérêts communs, ou, si l'on veut, qui se pénètrent les uns des autres. Jusquelà, l'union est nécessairement illusoire et factice ; car elle aboutirait toujours au règne d'un parti sur les autres, ou, comme dans le socialisme, à la des-

truction de ces derniers ; et, puisqu'ils représen-
tent, chacun, des intérêts essentiels, et qu'ils en-
trent, comme éléments nécessaires, dans l'organisation du corps social, cette destruction détruirait
la société, et serait, en même temps, la ruine du
parti victorieux. Pour avoir le droit de parler d'u-
nion, il ne suffit donc pas de la conseiller, encore
moins de la réduire à n'être qu'une stérile juxtaposition des partis, ou de la faire dégénérer en
une triste et froide résignation, qui n'aboutirait
qu'à neutraliser les forces qu'il s'agit précisément
d'utiliser. Il faut absolument trouver un principe
qui puisse rendre l'union féconde, durable, ou tout
simplement possible.

Ainsi, pour se mettre en mesure de sauver la
société moderne, c'est-à-dire de travailler efficacement à son organisation, il faut reconnaître, sans
détour, tous les éléments qui la constituent, ou
qui rendent son développement exclusif. Il n'est
plus temps de passer sous silence ou de ne men-
tionner que pour la forme la classe dans laquelle
se concentre tout le danger, ces prolétaires qui,
laissées à eux-mêmes, c'est-à-dire aux partis ennemis, peuvent, d'un moment à l'autre, nous ensevelir dans leur ruine. Il faut, pour le coup, que
chacun se demande s'il n'est pas quelque moyen
facile ou, du moins, praticable d'arracher au paupérisme les ouvriers que lui livre l'isolement fâcheux dans lequel leur situation les retient. Il est
assurément temps de savoir si, l'État ne pouvant

prendre l'initiative sans glisser plus ou moins sur la pente du socialisme, les individus n'ont rien à faire non plus pour aider à ces malheureux à se sauver eux-mêmes. On voit trop maintenant que travailler pour eux c'est encore travailler pour soi, ou que la plaie hideuse du paupérisme est essentielle à la santé de tout le corps social. Il ne suffit donc plus de se borner à défendre le principe de l'ancienne économie, à glorifier l'individualisme désormais parfaitement impuissant. C'est maintetenant trop peu que d'attaquer le socialisme d'une manière négative. Il s'agit, surtout, de le combattre, en cherchant les moyens de le rendre impossible, c'est-à-dire en travaillant à réaliser, pour les prolétaires, la seule forme d'association qui soit dans un rapport intérieur avec le développement de la société, avec l'histoire et la nature humaine.

Or, s'il ne nous est pas possible d'examiner, dans le détail, les moyens d'atteindre ce but, nous pouvons, du moins, indiquer quelle est la voie à suivre. Après les expériences que nous avons faites, quoi de plus nécessaire que de travailler à prévenir efficacement celles au-devant desquelles nous semblons courir?

Les moyens d'arriver à une union sérieuse ou de faire cesser désormais toute prétention exclusive, se trouvent être de deux sortes : les uns immédiats, directs, l'association ; les autres plus intérieurs, plus immédiatement moraux et proprement reli-

gieux. Ces derniers, qui peuvent seuls rendre générale et sûre l'application des premiers, sont tous
compris dans une transformation de l'Église que
nous déterminerons plus tard.

Comme notre but est essentiellement pratique,
et que nous ne saurions nous arrêter à l'examen
spécial des causes, nous allons considérer, dans
leurs résultats naturels, ces deux espèces de moyens.

CHAPITRE III.

Condition matérielle de l'organisation du corps social.

Je ne sais trop par suite de quelle étrange confusion d'idées un principe aussi éminemment conservateur que le principe d'association a, dans la question des prolétaires, pu devenir si hostile à toute espèce de société. Notre siècle était destiné à montrer à quelle espèce de désordre cette condition première de l'existence et du développement de la société pouvait conduire des esprits imprévoyants et téméraires. Grâce à leur logique incomplète, extérieure, mécanique, les questions sociales ont peu à peu perdu le caractère que des vues plus morales leur auraient infailliblement communiqué ; et on a pu les voir de plus en plus traitées dans l'esprit d'une ordonnance de police.

Sans doute, on ne saurait être trop reconnaissant pour la bienfaisance qu'on a, de nos jours, montrée envers les pauvres. De toutes parts, les secours se sont multipliés : on a soutenu ou élevé beaucoup d'institutions charitables ; il y aurait une ingratitude profonde à le méconnaître. Néanmoins, c'est désormais trop peu que de limiter la charité aux institutions de bienfaisance, si excellentes qu'elles soient. Les conséquences naturelles du développement du travail font sentir la nécessité d'entrer dans une voie nouvelle. Qui ne sait, d'ailleurs, que la charité n'est guère connue que du petit nombre, et qu'il n'est pas ordinaire de porter le dévouement jusqu'à l'action directe et journalière? Pour devenir aussi libérale qu'elle peut l'être, la charité doit donc, comme nous le montrerons, créer, au sein du prolétariat, des centres propres à réunir les forces disséminées et à servir de point d'appui aux travailleurs découragés. Si les amis de la liberté moderne paraissaient hésiter à remplir les conditions qu'elle nous fait, à porter les charges qu'elle nous impose, d'autres viendraient, soyons-en certains, leur arracher leurs titres à cette grande œuvre, et travailler à détruire ce qu'ils se seraient eux-mêmes ravi le droit de protéger.

Il est vrai, et nous l'établirons en son lieu, les moyens à employer ne sauraient conduire au but sans le secours d'un renouvellement général de l'Église, qui, par la transformation des principes exclusifs des confessions religieuses, aspire à la seule unité que rendent possible les éléments essentiels de la civilisation moderne. Néanmoins, à côté de cette activité toute morale, et en rapport immédiat avec elle, il est, nous le répétons, des moyens matériels à mettre en œuvre; et comme l'application de ces moyens réclame le concours de chacun, personne ne saurait demeurer oisif. Certes, si, par des motifs souvent intéressés, la propagande a su, sur des terrains divers, obtenir des résultats si surprenants, il serait étrange que la charité, tenue en haleine par des besoins et des perils si pressants, se montrât seule impuissante, inutile, et vînt apprendre qu'il ne lui reste qu'à céder la place à un égoïsme jaloux.

La bienfaisance proprement dite ne saurait donc former qu'une des branches de l'activité qu'il faut déployer désormais contre les ravages du paupérisme. Pour venir en aide a des besoins qui ne peuvent être satisfaits que par une nouvelle transformation de la société moderne, il est indispensable de recourir à l'emploi de moyens qui dépassent la bienfaisance ordinaire, et de mettre au service d'une charité intelligente le temps, les ressources, les capacités nécessaires pour opérer l'organisation naturelle de la classe des prolétaires. Le remède doit sans doute être approprié à la nature du mal, et, pour le dire en passant, le socialisme la méconnaît au point que, pour guérir plus facilement la plaie du paupérisme, il travaille à l'étendre sur tous. On ne saurait donc posséder une paix sérieuse, si les prolétaires n'arrivent à former une classe organique, essentiellement égale aux autres classes, également aimée, également nécessaire à l'unité, à l'harmonie sociale, et si, pour remplir, avec ses fonctions, les devoirs qui lui sont propres, cette classe n'entre, au même titre et avec la même dignité que les autres, dans le corps social; en d'autres termes,

2

si elle n'acquiert la faculté et les moyens d'administrer elle-même ses affaires, de régler ses intérêts, de diriger son activité sous la protection de moins en moins directe de l'État. L'accomplissement de cette condition fondamentale par toutes les classes de la société, établira, sur tous les points, un contrepoids naturel de forces, capable de garantir la liberté sans affaiblir le pouvoir; et, en opérant l'union vivante, active, de tous les éléments sociaux, elle rendra à tout jamais les révolutions impossibles.

L'œuvre qui reste à faire en faveur du prolétaire menacé par le paupérisme, consiste donc dans la recherche des moyens propres à assurer son existance; et cette œuvre embrasse également le déploiement de ses forces, le travail, la production, et les dépenses que nécessite l'entretien d'une vie sobre et réglée sans contrainte.

Car le prolétaire ne saurait, sans doute, subsister, si son travail et l'entretien de sa vie nécessitent une dépense plus forte que le salaire qu'il reçoit. Il s'agit donc, sans troubler d'aucune façon l'ordre naturel des choses, d'aviser aux moyens d'arriver à un excédent du salaire sur la dépense. Or, une hausse du salaire, accompagnée d'une hausse correspondante dans le prix des denrées, ne change évidemment rien aux termes du problème.

N'oublions pas que, dans sa situation actuelle, le prolétaire reste exposé, sans protection suffisante, aux atteintes des temps fâcheux, qui, du soir au matin, ont emporté toutes les épargnes qu'il a pu faire, et le rendent plus malheureux que s'il n'eût vécu qu'au jour le jour de son travail.

Or l'ouvrier, plus que personne, doit tirer du petit commerce tout l'entretien de sa vie. Dans la situation qui lui est faite, il est condamné à recevoir tout ce qu'il consomme ou dont il se sert, de seconde ou de troisième main. Il lui faut donc, par son travail, faire vivre le petit commerce ou supporter, en même temps, les dépenses qu'il occasionne et les profits qu'il fait.

Cependant, le travail du prolétaire est, en général, taxé au prix du grand commerce, et rétribué comme matière de première main. La proportion évidemment n'existe pas. Avec le salaire de la première main-d'œuvre, l'ouvrier doit, pour tous ses besoins, payer les frais de la seconde ou troisième main, c'est-à-dire, encore une fois, fournir aux dépenses du petit commerce. Et il ne faut pas oublier que cela se répète chaque jour, à chaque heure, pour lui et pour les siens. Or, si l'on se représente ce que le seul logement peut coûter au prolétaire des grandes villes; si l'on songe aux chambres étroites et mal fermées, aux réduits humides, sales, obscurs, sans air, où les enfants des ouvriers sont entassés pêle-mêle; si l'on tient compte des mauvais poêles, des murs vieillis et crevassés; si l'on pense que les frais de chauffage et d'éclairage ne sont pas pour le prolétaire, comme pour les classes aisées, toujours réduits par les découvertes de la science, qu'il ne connaît guère que lorsqu'elles vont être oubliées pour d'autres découvertes; si l'on ajoute la nourriture, le vêtement et tout ce qui doit entrer dans un tel compte, on pourra se faire une idée des nécessités auxquelles doit pourvoir l'ouvrier, nécessités rendues plus onéreuses encore par la part que prélève le petit commerce.

Nous ne voulons rien exagérer. On a surabondamment parlé de la situation des prolétaires. On a rempli des volumes du récit des privations par lesquelles ils comptent trop souvent leurs jours. La littérature actuelle s'est comme inspirée de leurs souffrances, et chacun connaît ou peut connaître les conditions de leur vie. Mais, ici encore, on a trop pu voir combien il est plus facile de détruire que de créer, ou d'appliquer au mal quelque remède efficace.

Sans parler des secours de l'État, des sociétés actives, mises, par le concours de chacun, en mesure d'encourager les plus petits efforts, rendant, par l'association, les forces disséminées plus productives, pourraient, en moins de temps qu'on ne le pense, éteindre le paupérisme, ou le réduire aux cas isolés de la pauvreté sporadique, pour lesquels la bienfaisance ordinaire suffirait abondamment.

Nous posons en fait que, par suite même de sa nature, l'État ne saurait prétendre au droit d'accomplir une telle œuvre, ni même prendre l'initiative, sans entrer plus ou moins directement dans la voie du socialisme, et, par conséquent, sans aller à contre-sens de son but.

D'ailleurs, les rapports établis entre le capital et le travail, s'étant, dans le développement de la société, formés d'une manière organique et, par conséquent, naturelle, vouloir les transformer en les brisant, c'est, du même coup, rendre toute amélioration impossible, et redescendre au bas de la pente qu'avait déjà gravie le passé.

Rappelons, enfin, que, comme la vie matérielle exerce une influence directe et profonde sur la vie morale, travailler à assurer l'existence du prolétaire c'est contribuer plus qu'on ne pense à son développement spirituel.

Or l'ouvrier, laissé à lui-même, trouve dans le travail, dans son isolement et le manque de connaissances suffisantes, un obstacle qui ne saurait lui permettre d'échapper, sans secours, à l'espèce d'anéantissement auquel il se voit condamné. Et n'ayant ni le temps ni l'occasion d'acquérir une habileté qui lui attire la confiance générale, encore moins d'appliquer le principe d'association à la fondation d'établissements qui répondent aux besoins essentiels de la vie des prolétaires, il est trop souvent réduit à consumer ses forces dans une lutte stérile contre le paupérisme, qui l'enveloppe de toutes parts. Cet isolement fâcheux, qui rend toute organisation impossible, et permet ou facilite le malheureux entassement des ouvriers dans les grandes villes, a naturellement pour conséquence de produire, dans des cas donnés, le manque plus ou moins complet de travail et, par suite, la stagnation : et c'est là, chacun le sait, que les passions ennemies trouvent le plus d'aliment. La situation de l'ouvrier des villes peut, dans de telles circonstances, être vraiment déplorable, et mérite plus d'attention encore que celle de l'ouvrier des champs, qui n'en a pas moins, avant qu'il soit trop tard, besoin d'être également améliorée.

Par suite donc de cet isolement, l'ouvrier, ne pouvant sous aucun rapport participer aux avantages du grand commerce, aux profits des premiers marchés, doit supporter toutes les dépenses de la vente en détail. Or chacun sait de quelle façon, dans certains cas, pour certains objets, il peut se trouver victime de l'amour du gain, et comment il demeure la proie de la nécessité, malgré les protestations de sa conscience. Ainsi attaqué, trahi dans ses forces mêmes et son travail, on peut comprendre à quel point, sans parler du découragement qui le tue, la santé du prolétaire peut être altérée et la vie de famille amoindrie partout où elle existe; combien, peut-être, de maladies engendrées et qui, comme on l'a vu, peuvent si facilement devenir épidémiques; jusqu'à quel degré la production est atteinte, et la société, par conséquent, rendue moins riche et moins heureuse. Et, d'ailleurs, dans de telles conditions d'existence, combien le prolétaire et sa famille ne sont-ils pas exposés à perdre d'heures de travail ou de moments d'utile occupation ! Comment énumérer toutes les influences positives et négatives, directes ou lointaines, médiates et immédiates, qui, se multipliant à mesure qu'elles s'ajoutent l'une à l'autre, travaillent à affecter l'être même du prolétaire, et à le précipiter pour toujours dans le paupérisme et le désespoir? Il faut être juste, d'ailleurs, et reconnaître qu'on ne saurait guère attendre de lui plus de prévoyance qu'on n'en montre dans les classes où la prudence est plus facile. Et quelle existence mal réglée! Que de raisons qui prédisposent au murmure, à la jalousie, à la haine, ouvrent l'âme aux passions ennemies et vont livrer l'ouvrier au pouvoir de ceux qui n'attendent que l'occasion de lui apprendre à détruire, avec la société, tout l'avenir des prolétaires! Si à toutes ces causes de ruine on ajoute le malheur d'une crise politique, le manque imprévu, prolongé, d'ouvrage, la conduite dure parfois du capitaliste à l'égard du travailleur, le prolétaire isolé, quelqu'habile, quelque sobre qu'il soit, pourra-t-il facilement soustraire les siens à la destinée qui les menace?

Ainsi, les efforts les plus soutenus du prolétaire ne sauraient avoir le résultat désiré ou seulement un résultat, aussi longtemps qu'il demeure dans l'isolement. Cet isolement introduit une telle confusion dans ces masses inorganiques, qu'il n'est plus possible de trouver de remède efficace contre le mal que dans l'association.

Que la dernière révolution, malgré ses brillantes

promesses, n'ait eu, en définitive, pour résultat, que de rendre l'association moins facile et d'égarer les ouvriers loin de la voie du bien-être, rien n'est malheureusement plus vrai. Aucune idée féconde n'est sortie et ne pouvait naître du vide des systèmes qui parvinrent à la stériliser, et cherchèrent à s'en servir comme d'un moyen de destruction. On n'a pas fait un pas dans la voie d'une amélioration sérieuse, et les socialistes, se bornant à systématiser la ruine, n'ont réussi qu'à jeter l'épouvante dans le cœur des vrais amis des pauvres.

Le mode d'association que propose le socialisme, méconnaît essentiellement la loi qui règle tout le développement de l'histoire, en d'autres termes, les rapports du travail avec la société et la nature humaine, par suite, la moralité du travail, et tend, dès lors, à rendre l'association destructrice. D'un autre côté, pour rattacher, d'une manière naturelle, les intérêts du travail à ceux du capital, pour rendre possible une confiance sérieuse, établir une paix durable entre l'ouvrier et le propriétaire, il serait puéril de vouloir, de quelque façon, revenir à la forme d'association que nous offre le moyen âge. Les rapports sociaux n'étant plus les mêmes, et le développement de l'agriculture et surtout de l'industrie ayant également modifié les conditions du travail, il devient nécessaire de trouver, pour notre siècle, une forme d'association correspondante.

Mais cette forme ne saurait être réelle, à moins d'être mise en rapport direct avec tout le passé.

On ne saurait, pas plus ici qu'ailleurs, se placer en dehors de l'histoire, sans rester également en dehors des conditions qui rendent l'existence ou la transformation de la société possible. Cette forme doit donc comprendre en un corps organique tous les essais d'association qu'on a jusqu'ici pu faire, afin d'éviter les inconvénients que, désormais, de tels excès présentent, et d'en réunir tous les avantages.

Nous n'avons pas assez d'habitude des affaires pour nous permettre de fixer tous les détails, et de présenter un plan complet, avec les chiffres à l'appui. C'est aux hommes d'action, aux entrepreneurs eux-mêmes que doit échoir cette partie de la tâche, et nous ne prétendons nullement nous en approprier l'honneur. Néanmoins nous pouvons, pour ainsi parler, poser la base de l'édifice, ou réunir tous les éléments de la solution du problème. Heureux, si nous étions parvenu à faire sentir tout le devoir ou comprendre l'impérieuse nécessité de se mettre sans retard à l'œuvre.

Voici donc quel est le fondement sur lequel nous croyons qu'on peut, en toute sécurité, bâtir.

Il s'agit avant tout, il faut bien se le dire, d'une entreprise de bienfaisance, d'une œuvre d'humanité et de justice, qui exclut tout calcul égoïste et, à plus forte raison, tout but de spéculation intéressée. C'est assez dire à quelle espèce de personnes la direction doit en être confiée. Il importe, tout d'abord, de recueillir une somme suffisante pour établir les prolétaires qui veulent, par le travail, assurer leur existence, dans des habitations plus saines, plus commodes, plus agréables, pour associer leurs forces et leur faciliter l'acquisition de petites propriétés. D'ailleurs, le nombre des individus ou des familles qu'il s'agirait de réunir serait nécessairement déterminé par la nature de l'établissement et les circonstances qui président à sa fondation. Mais il est désormais nécessaire d'éloigner les prolétaires des villes où ils sont entassés. Toutefois, en attendant que l'entreprise ou les sociétés entre lesquelles la tâche serait répartie pussent élever une suite d'établissements mis en rapport par la communauté des intérêts, on devrait établir les prolétaires dans le voisinage des grandes villes, à cause des nombreux débouchés que ce voisinage offre aux produits. Il ne faut pas oublier cependant que les chemins de fer facilitent singulièrement la fondation de semblables colonies dans des lieux dont l'éloignement serait compensé par d'importants avantages, et sur un sol qu'on voudrait fertiliser. Comme toute l'entreprise repose sur le principe de la multiplication des moyens par l'union des forces, chaque établissement particulier doit, autant que possible, embrasser l'agriculture et l'industrie, et, pour rendre le succès plus certain, les faire concourir à leur développement réciproque.

La disposition de l'établissement lui-même peut sans doute, pour chaque lieu, être modifiée par les circonstances et le nombre des personnes dans chaque cas nécessaire au succès de l'entreprise. Mais, quel que soit le plan auquel on s'arrête, il faut nécessairement consacrer un édifice central aux usages qui, sans gêner la vie de famille, peuvent facilement être compris dans le domaine de la vie commune. Autour de cet édifice public, devraient être disposées les habitations des prolétaires, formées de compartiments indépendants, rendus aussi agréables, aussi sains que peuvent le permettre les moyens dont on dispose. Afin de faciliter l'emploi de tous les moments, dans un intérêt de santé, comme aussi pour rendre la vie de famille plus douce, plus complète, et satisfaire aux intimes penchants qu'elle nourrit, un petit coin de terre et, de préférence, un jardin accompagnerait très bien chacune de ces petites demeures. Mais le sanctuaire de la famille doit être soigneusement protégé contre toute curiosité indiscrète, et l'on prendra les dispositions nécessaires pour en inspirer le respect.

L'indépendance du foyer domestique suppose celle de l'individu. Seulement, outre certaines conditions morales librement acceptées, il faudrait qu'à la fin de chaque semaine ou, si l'on veut de chaque mois, l'ouvrier déposât, sur son travail, à la caisse commune, c'est-à-dire qu'on lui retînt une somme suffisante pour acquitter les intérêts du fonds d'avance et, tout d'abord, pour couvrir les dépenses occasionnées par l'achat, sur le grand marché, des matériaux de travail et de tout ce qui est nécessaire à l'entretien de la colonie. Pour rendre les commencements plus faciles, et en attendant la vente des produits, on pourrait au besoin faire circuler quelque signe monétaire, qui serait, à certaines époques, échangé contre la valeur correspondante.

Or, il est possible de remplir toutes ces conditions, et d'opérer avec le temps le remboursement complet du fonds d'avance, au moyen des trois quarts, au plus, du travail de chaque ouvrier. Si bien que, abstraction faite des temps de crise, au bout de trente ou quarante années, et à moins encore si l'on veut, on aurait remboursé les capitaux, acquitté tous les intérêts, procuré à chacun des prolétaires de l'association sa demeure, son jardin et ce qu'il aura sans doute acquis avec l'excédant de son travail, et, surtout, mis l'entreprise en état d'assurer de plus en plus son existence. Ainsi, en multipliant les sociétés et avec le secours de l'État, on parviendrait facilement à opérer l'entière transformation de la masse inorganique des prolétaires, c'est-à-dire à les organiser en une classe régulière, égale, sous les rapports essentiels, aux autres classes, non moins respectée ni moins indépendante, régissant elle-même ses affaires, gouvernant, comme les autres, ses intérêts, et concourant à faire régner, au sein de l'ordre légal, une liberté vivante et une harmonie durable.

Il serait, dès lors, facile de tirer du grand commerce tout ce qui est nécessaire à l'entretien des prolétaires associés, avec les matériaux de travail, en d'autres termes, d'utiliser à leur profit ce que, dans leur isolement, leur fait perdre le petit commerce. En même temps, et sans que la vie de famille en soit le moins du monde affectée, plusieurs arrangements, nous l'avons dit, peuvent rentrer dans le domaine commun. Ainsi, des conduits disposés dans ce but porteraient l'eau chaude dans toutes les demeures; l'éclairage au gaz diminuerait, avec les inconvénients des lampes à huile, une partie de la dépense que ces lampes occasionnent; on pourrait, au lieu de poêles, se servir du procédé excellent et peu coûteux du chauffage à l'eau chaude, et chercher, sur d'autres points, à réduire les dépenses, sans perdre un instant de vue l'intérêt de la santé. Pour faciliter cette réduction, l'édifice central devra être disposé de façon à permettre l'application immédiate de chaque découverte utile que pourra faire la science. Un emplacement sera consacré aux récréations diverses et aux plaisirs de la réunion. Il contiendra une salle d'école pour les enfants, une autre pour le culte, une chambre pour les malades, un magasin pour les provisions de toute espèce, pour les matériaux et les produits du travail; en un mot, il servira à tous les usages de la vie commune.

Ainsi chaque habitation rendue, à peu de frais, agréable, et embellie par la possession d'un petit jardin, la santé s'affermira par le mouvement et à l'air pur de la campagne; et la vie de famille, plus libre et plus assurée, sera à la fois plus respectée et plus complète. L'acquisition, rendue facile, de la demenre et du petit jardin, ouvrira à ceux qui l'habitent une perspective qui soutiendra leur courage et ranimera leur activité. Le prolétaire qui, chaque jour, dépense moins et gagne plus, sentira ses forces doublées par l'espérance, verra ses moyens d'action s'augmenter, et son amour du travail, le besoin et l'habitude de l'ordre rendront vains tous les efforts des partis de désordre. Ainsi, le paupérisme sera insensiblement remplacé par un certain bien-être; les esprits, moins découragés, deviendront plus prévoyants, et le déploiement des forces humaines s'opérera d'une manière plus organique, plus régulière, plus libre.

Chaque ouvrier pourrait déposer ce qu'il jugerait convenable dans la caisse de l'association. Mais la règle est, ici, nécessaire, et l'on devra, dans tous les cas, déterminer un minimum suffisant pour couvrir les dépenses et amortir, chaque année, à quelque degré, les intérêts des fonds d'avance. Après quoi, chaque ouvrier pourra, avec l'excédant de son travail, acquérir plutôt, s'il le veut, sa demeure, son jardin, en un mot cette propriété qui, en l'attachant au travail, aiguillonnerait son activité et contribuerait à rendre à la vie de famille tout l'attrait que la misère lui fait perdre. Avec ses dispositions, il est impossible qu'il ne se trouve pas un nombre suffisant de bons ouvriers et, en tout cas, d'ouvriers sûrs, pour faire réussir l'entreprise, et entraîner les autres par l'exemple et le succès.

En résumé, il est évident qu'avec les profits considérables qu'assure l'achat, sur le grand marché, des vivres, des denrées et des instruments de travail ; avec l'économie sur les légumes, avec les avantages qui résultent de l'éclairage au gaz, du chauffage à l'eau chaude, des buanderies communes ; avec la facilité d'employer tant de moments ailleurs perdus, avec l'application de forces mieux entretenues, et un intérieur qui convie davantage au repos ; avec la disparition de ces habitudes funestes et dispendieuses que le désœuvrement, le désespoir, le manque de famille font contracter aux prolétaires pour se consoler ou s'étourdir ; surtout avec une organisation qui, mettant l'agriculture et l'industrie en rapport immédiat, favoriserait leur développement respectif ; avec tous les avantages qui résultent de ceux que nous mentionnons, il est évident, dis-je, que l'entreprise présente un succès facile et certain. Et si, en temps ordinaire du moins, le prolétaire peut de quelque façon suffire à l'entretien de sa famille, quels résultats n'est-on pas en droit d'attendre dès qu'on lui procure des avantages pareils, qu'une administration intelligente saurait si facilement multiplier ! Nous le répétons, le dévouement, joint à l'habileté et convenablement soutenu, pourrait, dans un espace de temps bien restreint pour la grandeur du résultat, opérer l'entière transformation de la classe des prolétaires.

Dans un tel établissement, l'intérêt de chacun doit de plus en plus devenir un élément nécessaire de l'intérêt de tous. Toute concurrence égoïste se

transforme insensiblement en une émulation naturelle; et l'activité, à tous ses degrés, est trop juste-
ment récompensée pour que cette émulation dégé-
nère facilement en rivalité jalouse. Plein de sécurité
sur l'avenir, le prolétaire songera plus sérieusement
aux moyens d'apporter, dans ses procédés de travail, les améliorations nécessaires. L'instruction de
la jeunesse ouvrière pourra d'ailleurs plus facilement
être dirigée vers ce but. Des écrits à la portée des
intelligences les plus simples, quelques séances dans
lesquelles on exposerait les applications essentielles
de la science à l'industrie et à l'agriculture, viendraient, en temps opportun, féconder l'expérience
et ouvrir peut-être à l'esprit des perspectives nouvelles. Il serait aussi très facile d'inculquer, dès la
jeunesse, aux prolétaires, des principes généraux
d'économie politique qui, confirmés par leurs observations, leur bon sens et leur moralité, suffiraient
pour les mettre en garde contre les sophismes des
sectes socialistes. Les ouvriers pourraient d'ailleurs,
au besoin, entendre la réfutation des systèmes des-
tructeurs et voir leurs doutes disparaître. Une exposition vivante et qui les ramènerait incessamment
à leurs expériences journalières et surtout à la voix
de leur conscience, ouvrirait facilement leurs esprits à la vérité.

Dans les grandes villes, les habitants se trouvent
tout particulièrement répartis en groupes correspondant à la différence des positions sociales. Les
savants, les administrateurs, les familles riches ou

aisées, les banquiers, les ouvriers des fabriques, occupent à l'ordinaire des quartiers dinstincts; et ces quartiers, offrant comme la physionomie extérieure de la classe qui y prédomine, rendent pour ainsi dire sensible l'organisme intérieur de chaque grande ville. Le caractère général des fonctions que remplit cette classe, détermine sa position relative comme membre du corps auquel elle appartient. Cette distribution, qui montre au premier regard quel est le rapport qui existe entre les éléments de prospérité et de ruine agglomérés au cœur des grands États, n'est rien moins que défavorable à la fondation d'établissements propres à réunir les prolétaires, déjà naturellement rassemblés dans les quartiers des fabriques. Mais, à mesure que les ressources permettront d'augmenter le nombre de ces établissements, il deviendra nécessaire de les associer entre eux, moins pour restreindre leur indépendance naturelle que pour la compléter. La concurrence désordonnée ne serait pas moins funeste entre de tels établissements qu'entre les ouvriers eux-mêmes. La vente régulière des produits du travail, les conditions d'existence, les rapports naturels de ces établissements, leurs besoins divers, les intérêts de chacun d'eux et l'intérêt de tous feront sentir la nécessité de les soumettre de bonne heure à un système d'organisation générale qui règle leur développement sans le violenter, et les empêche de s'annuler réciproquement, de tomber peu à peu dans la confusion et le désordre, ou simplement de

demeurer sans résultats, faute de se soutenir suffisamment les uns les autres. Les établissements qu'on
ouvrira aux prolétaires autour des grandes villes seront, dès lors, dirigés par un comité central, chargé
de veiller en même temps aux intérêts de chacun
d'eux et à l'intérêt de tous. Ce comité réunira deux
espèces de membres : les députés des établissements
associés, qui représenteront les intérêts locaux ; les
autres membres, qui représenteront l'intérêt général. Les établissements élevés autour de chaque grande ville formeront comme une province
dans la vaste confédération de ceux qui, peu à peu,
couvriront le pays. Ces espèces de provinces qui
s'étendront insensiblement sur la campagne, et
dont les limites pourront dépendre du caractère du
peuple, de ses habitudes et des sympathies locales,
répondront plus ou moins aux provinces géographi-
ques, et devront s'unir entre elles d'après le même
principe et pour les mêmes raisons que les divers
établissements qui les composent. Ainsi, chaque
province aura son centre, son administration spéciale ; deux, trois, quatre de ces provinces se
réuniront en confédération particulière, et enver-
ront chacune leurs députés au comité général qui,
pour représenter tous les intérêts, sera composé des
deux espèces de membres dont nous avons formé
les comités des provinces. De cette façon, il deviendra toujours plus facile de comprendre l'agriculture et l'industrie, les laboureurs et les artisans,
toute la classe des prolétaires dans l'œuvre de l'or-

ganisation commune, et de multiplier, autour des villes et dans les champs, les petits propriétaires. Quels que soient les commencements d'une telle entreprise, les sociétés qui la dirigeront ne sauraient considérer leur tâche comme accomplie avant d'avoir couvert tout le pays de semblables établissements. Aussi, à mesure que le nombre des provinces confédérées s'augmentera, ces confédérations tendront à se grouper autour de centres plus vastes, où, d'après le principe que nous avons exposé, les intérêts de chaque confédération secondaire et ceux de la confédération générale seraient régulièrement représentés. Enfin, chacune de ces dernières confédérations, se rattachant librement au centre qui s'établirait pour le pays, se verra par là même engagée à y faire défendre ses intérêts vis-à-vis des autres confédérations générales. Une telle organisation établit, sur tous les points, un équilibre constant des forces individuelles et générales, et ne laisse aucun moyen au pouvoir d'appliquer encore à son profit la tyrannie populaire ou celle du petit nombre.

Ainsi, le rapprochement vivant des individus faciliterait naturellement la circulation des idées, le développement de la civilisation, le triomphe de la vérité. La vie coulerait librement du centre général dans les centres secondaires, et viendrait entretenir aux extrémités de ce vaste corps ce sentiment d'aise qu'inspirent la confiance et le bien-être. D'un autre côté, les inspirations individuelles fécondes s'élève-

raient facilement jusqu'au centre même; et, grâce
à l'organisation des activités diverses, tous se sen-
tiraient enrichis par le travail de tous. L'agriculture
et l'industrie, se touchant par plus de points, offri-
raient un développement d'autant plus sûr que chacun concourrait à le produire. La division de la
propriété et la répartition de la richesse s'opére-
raient d'une manière plus régulière par le moyen
du travail qui en profiterait à son tour; et la vie de
famille trouverait, dans le nouveau développement
de la propriété, la condition matérielle de sa transformation définitive.

Quant aux moyens de se procurer la somme nécessaire à la fondation de l'établissement, il ne faut
ni se décourager, ni surtout mépriser les petits
commencements. Ces moyens sont d'ailleurs très divers. Ainsi, des contributions, assez légères pour
devenir générales et être recueillies à la fin de chaque semaine ou de chaque mois, pourraient facilement procurer des sommes considérables. On devrait, eu outre, faire circuler, dans les classes riches
ou aisées, d'autres listes de souscription. Il se peut
que, dans certains cas, il y ait des actions à répandre. Il faut aussi tenir compte des dons qu'on pourrait faire à la fondation. D'ailleurs, le terrain acquis
et amélioré par la culture, les instruments de travail, en un mot, l'établissement présente, pour un
emprunt, des garanties qui acquièrent chaque jour
une valeur plus grande. Puis, il ne faut pas oublier
qu'il s'agit, avant tout, d'une entreprise de bien-

faisance que l'État peut puissamment contribuer à faire réussir. Il est vraiment trop intéressé au succès d'une telle œuvre pour ne s'en pas montrer le principal soutien. Aussi, rien de plus naturel qu'avec l'avantage d'une organisation sûre, que basée sur des calculs éprouvés et conduite avec prudence, cette entreprise inspire une confiance qui, dans le cas d'un emprunt, suppléerait à ce qui peut lui manquer en garanties immédiates. Enfin, au début surtout, il y aurait des choix à faire, et chaque ouvrier paresseux se sentirait retenu, d'un côté par l'imposition d'un minimum de travail, de l'autre, par la possibilité d'être, s'il le fallait, remplacé par un ouvrier diligent.

Il y a partout, et surtout en Angleterre, des fondations qui, nées de quelqu'un des besoins du temps, ont fait les premiers pas dans la voie de la vraie association. Elles doivent à l'isolement dans lequel elles sont demeurées le peu d'influence qu'elles ont exercé sur la destinée des classes pauvres. Néanmoins, les succès qu'elles ont obtenus ne sont pas un faible encouragement à persévérer dans cette voie, et à poursuivre la réalisation d'un projet qui, les réunissant en un corps organique, remplace par autant d'avantages les inconvénients qu'elles présentent. Les caisses d'épargne, par exemple, appartiennent à ces fondations que les besoins du temps rendent désormais insuffisantes, et qui sont appelées à subir une transformation nécessaire ; il en est de même de la plupart des autres fondations existant actuellement en faveur des ouvriers.

Mais pour associer les forces, il faut, tout d'abord, commencer par organiser les secours. Quand beaucoup contribuent, des dons faibles, des contributions insensibles mais régulières, peuvent facilement composer des sommes considérables. D'ailleurs, le besoin de l'association devient de plus en plus impérieux : il se produit sur tous les points, dans toutes les sphères et à tous les rangs de la société ; et il faudrait ignorer étrangement le caractère des temps, pour méconnaître l'immense portée de ce fait. Aussi, ne pas travailler, sans délai, à remplir les obligations qu'il nous impose, c'est certainement méconnaître les desseins de Dieu sur l'humanité, c'est laisser seul à l'œuvre le socialisme. Enfin, le besoin sur lequel la séduction a tant de prise, nous est une garantie du concours qu'on peut attendre de la plupart des prolétaires.

Mais si l'on veut être assuré du succès, il est nécessaire de réunir en un corps organique tous les essais partiels qu'on a jusqu'ici pu faire. Il est impossible d'opérer l'extinction du paupérisme ou la formation régulière d'une classe des prolétaires, sans étendre à toute leur existence les secours qu'on n'applique encore qu'à quelques besoins isolés. Le seul moyen de mettre les ouvriers en mesure d'agir sur leurs destinées, c'est de leur procurer les moyens de s'unir entre eux et avec les autres. Les sociétés qui se constituent à part pour subvenir à quelqu'un des besoins des classes pauvres, sont insuffisantes. Elles font mieux sentir la nécessité d'une entreprise générale propre à conjurer désormais les dangers d'un demi-secours. Quel autre moyen, d'ailleurs, de faire participer les pauvres aux avantages de la grande économie, ou de rendre la bienfaisance aussi bienfaisante qu'elle peut l'être? La situation du prolétaire des villes oppose à l'application de la grande économie des obstacles assurément insurmontables; et les difficultés que, trop souvent, il rencontre à régulariser ses occupations, à régler l'emploi de ses moments, peuvent produire dans sa vie morale des perturbations dont les suites sont incalculables. Qu'on voie, enfin, combien les avantages qui découlent de l'organisatiou contribueraient à étendre l'influence individuelle, à agrandir la vie de famille, à la ranimer par des jouissances qu'elle ignore, et à rendre le travail et plus facile et plus moral.

Mais, pour réussir à inspirer le respect du foyer domestique, il faut, assurément, montrer celui qu'on a pour l'homme en repoussant toute mesure qui tendrait à soumettre la vie individuelle à quelque législation mécanique dans le genre d'une police d'État. Ce respect, qui n'est d'ailleurs qu'une des formes de l'amour, rendra de plus en plus sûre et facile la mise en œuvre des moyens propres à subvenir aux vrais besoins des prolétaires, de nourrir ou d'éveiller en eux la vie spirituelle, et d'assurer, s'il est nécessaire, l'existence des invalides et des vieillards.

Nous ne parlerons pas de l'influence prodigieuse que de telles fondations sont destinées à exercer sur la richesse nationale, et des avantages immenses qui en résulteraient pour chacune des branches de l'activité humaine. Nous ferons seulement observer que, dans le cas d'une surabondance de population, on aurait toujours la ressource de la colonisation extérieure.

On doit s'attendre à rencontrer ici, comme dans toute entreprise sérieuse, des difficultés de diverses sortes. Mais, quiconque envisagera cette œuvre, non sans doute avec le désir secret de trouver des difficultés de nature à le dispenser d'y prendre part, mais avec une conscience droite et un esprit bienveillant, se convaincra bientôt qu'il n'est aucune de ces difficultés que la charité ne surmonte, ou qui doive rendre le succès plus incertain qu'il ne l'est dans la plupart des entreprises que chaque jour voit réussir.

Je ne m'arrêterai pas à cette foule de personnes qui ne parlent des maux du peuple que pour montrer à quel point elles les oublient. J'aime bien mieux rappeler à ceux qui aiment les pauvres, qu'il leur est facile, plus facile de les protéger contre le paupérisme, qu'il ne l'est à tant d'individus livrés à leurs seules forces de conduire à bonne fin des entreprises d'un succès bien autrement douteux. Car enfin, ce qu'il s'agit de faire en faveur des ouvriers, le grand commerce en connaît depuis longtemps les avantages. Il ne faut donc pas perdre le temps à parler de l'association sans travailler à la rendre possible. Se borner à contenir les prolétaires, c'est d'autant prolonger la crise et augmenter le péril. Loin de se croire protégé par d'aussi frêles barrières, il faut s'appliquer à mériter la confiance des pauvres en fondant des institutions qui s'adressent à leurs besoins. Or la charité, qui « doit transformer le monde, » ne saurait manquer à une œuvre depuis si longtemps préparée et que le présent commande. Pour la faire prospérer, il suffit, mais aussi il faut que chacun, selon le temps et les moyens dont il dispose, fournisse sa part de travail.

Il ne saurait donc être permis de se figurer arbitrairement, qu'il soit trop tard pour se mettre à l'œuvre, c'est-à-dire pour faire le bien. Ce serait le sûr moyen d'attendre qu'il fût effectivement trop tard, et d'attirer sur soi la punition de sa négligence. Sans doute, et nous allons le montrer, une entreprise de cette nature ne saurait obtenir un succès général sans une transformation de l'Église, dont, du reste, elle contribuerait puissamment à diminuer les périls. Mais, grâce à l'influence morale de l'Église renouvelée et à la diversité qui naîtrait du grand nombre des associés, l'administration n'offrirait rien de cette raideur peu chrétienne qui caractérise la police d'État, et la forme de l'association, déterminée par les besoins locaux, s'accommoderait sans effort aux caractères les plus différents. Pour gagner au besoin la confiance des prolétaires, il serait d'ailleurs facile d'adjoindre aux

directeurs des ouvriers intelligents, habiles, dé-
voués; et des combinaisons nouvelles, des améliorations successives viendraient, l'une après l'autre,
assurer le succès de l'œuvre.

On peut en être convaincu, il n'y a pas d'autre
moyen d'unir le prolétaire au prolétaire et au propriétaire, et il est également vrai qu'il est bien tard
pour se mettre à l'œuvre, et qu'il n'en est pas
moins temps encore. Assurément, il ne faut pas
perdre la dernière heure en regrets superflus. Il est
possible, nécessaire de racheter le temps. En présence des avertissements qui nous sont prodigués,
il faut au moins que nous puissions mettre notre
conscience au large, et nous rendre le temoignage
de n'avoir, d'aucune façon, contribué à appeler sur
nous la ruine qui nous menace. Or le devoir de concourir, chacun dans sa sphère, à l'organisation de
la classe des prolétaires est désormais un devoir
social. Il faut, sans doute, être reconnaissant pour
ce qu'on a pu faire. Mais, en prendre occasion de
s'arrêter en route, c'est, autant qu'il est en soi,
anéantir ce qui a été fait et rendre notre chute inévitable.

S'il est vrai qu'on ne puisse s'acommoder du socialisme tel qu'on l'entend, il faut absolument que
les individus songent à remplacer l'État. De son côté,
l'État doit reconnaître que la routine gouvernemen-
tale, la répétition du passé, ne serviraient qu'à com-
promêttre les intérêts du présent. Il est donc, de
toute façon, nécessaire de s'assurer, avec l'idée

claire de nos besoins, un principe dont le développement permette de fonder des institutions pénétrées d'un esprit nouveau.

Or, puisque l'union des partis ou la paix sociale est la condition de l'existence et, dans sa plénitude, l'achèvement de la société moderne, il est bien évident que cette union ne saurait être réelle qu'à condition d'embrasser toutes les classes sociales. Et, comme retomber sous la domination d'un parti, c'est-à-dire retourner au passé serait simplement rendre la catastrophe inévitable, il faut nécessairement fournir aux prolétaires les moyens d'entrer dans l'unité sociale comme classe organisée. Il n'y aura jamais, il ne saurait y avoir d'unité, de vérité sociale, de justice humaine à d'autres conditions. Hors de là, le corps social reste incomplet, et les déchirements intérieurs, les révolutions, le socialisme sont incessamment possibles. Si l'on refuse de concourir à l'organisation de la classe des prolétaires, cette classe, toujours exclue d'une union active, rendra toujours la paix sociale impossible. Nous venons d'indiquer les moyens de porter aux prolétaires un secours efficace. Nous allons montrer que la société moderne ne saurait être définitivement organisée que sur le fondement d'une transformation de l'Église, déterminée par la loi qui règle le développement de l'institution religieuse.

CHAPITRE IV.

Condition fondamentale de l'organisation du corps social.

Nous devons maintenant marquer la vraie place de l'élément religieux, ou déterminer avec soin son importance sociale.

Faisons d'abord observer qu'on ne saurait, sous aucun rapport, vouloir ramener les esprits vers la religion dans l'intérêt de la politique. Si la France en était réduite à cette nécessité, il serait puéril de conseiller l'emploi de moyens qu'on reconnaîtrait, par le fait, être purement imaginaires. Ce n'est pas parce que les périls que court la société rendent nécessaire le secours de l'esprit religieux, qu'il est plus facile ou plus naturel de l'obtenir. On ne saurait, dans aucun cas, vouloir lui soumettre les cœurs par une foi de circonstance. La religion ne se prête guère à de tels accommodements; et il se peut qu'elle soit en quelque sorte moins accessible quand son action serait plus nécessaire. Or, comme elle demeure inutile aussi longtemps qu'elle ne devient pas intérieure, on ne saurait donner sé-

rieusement le conseil de recourir à elle sans indiquer les conditions que les temps mettent à son secours. Eh! à quoi bon prêcher la foi si l'on ne donne
aucun moyen de croire? Parler de l'esprit religieux
sans en rendre le retour possible, c'est adresser le
malade à un médecin qui n'est plus. Car, s'il arri-
vait, je ne dis pas que le principe chrétien, mais
que le principe catholique et le principe protestant
ne pussent désormais plus remplir les besoins que
leur développement a fait naître, donner simplement le conseil de recourir à l'esprit religieux n'aurait guère plus de sens qu'engager, pour sauver l'É-
tat, à faire revivre quelqu'une des religions du
passé. Aussi, soumettre à un examen sérieux la
question religieuse, en d'autres termes, indiquer
comment l'Église peut encore agir sur le monde et
le renouveler, c'est rendre à la société le service
dont elle a, désormais, le plus grand besoin. Il va
sans dire que, bien plus encore que dans ce qui
précède, nous devons nous borner à l'indication
des points essentiels ou à l'exposition rapide des
principes. Et s'il ne nous est pas possible d'appeler,
dans ces pages, la spéculation et l'histoire à l'appui
de notre développement, nous n'aurons pas moins
montré quelle est la voie à suivre, et acquis le droit
d'inviter les hommes sérieux à se mettre à l'œuvre.

Le principe religieux, bien qu'à des degrés différents, a toujours été la source fécondante de tout
le développement de la société humaine. Sous une

forme de moins en moins exclusive, il a incessamment déterminé la marche de l'histoire et dirigé son cours; et tout développement de la science ou de l'institution politique qui n'a pas, de quelque manière, sa racine vitale dans ce sol nourricier, est exposé à manquer de vie substantielle, et se condamne à devenir de plus en plus vide et destructeur: telles sont, de nos jours, et au sens le plus absolu, les diverses formes du socialisme.

Ce fait universel est trop considérable pour pouvoir être examiné dans ces pages, et d'ailleurs chacun peut en trouver au fond de sa conscience la confirmation immédiate. Mais, dans le développement de la société moderne, au sein de la civilisation chrétienne, il ne se produit pas encore comme il se produisait dans l'antiquité. Alors l'unité de l'ordre social et toute la vie sociale naissaient immédiatement du principe religieux, et ce qui, au premier regard, peut paraître faire exception, signale une époque transitoire et ne fait que confirmer la loi. Par suite de cette correspondance directe et, pour ainsi parler, sensible entre le principe et son développement, les nations se trouvaient nécessairement religieuses comme telles. L'institution divine de la société et de l'État devait être légalement reconnue, officiellement proclamée. La religion se développait d'une manière extérieure, fatale. La nation devenait, pour les autres nations, une race ennemie, une humanité à part, étrangère au reste de l'humanité; et sa destinée, sa puissance, son avenir étaient exactement déterminés par le plus ou le moins de spiritualité de son principe religieux relativement à celui des autres peuples.

Ce développement du principe religieux et, partant, du principe social, fut préparé par le développement plus spécial de l'Inde, dont les castes, instituant autant d'humanités intérieurement différentes, ne sauraient, par leur juxtaposition forcée, former une nation proprement dite. Les cadres immobiles dans lesquels elles fixent la société présentent, pour la première fois, mais d'une manière incomplète, la série des périodes qui, se reproduisant bientôt à part pour arriver, chacune, à son unité naturelle, forment précisément l'histoire générale de l'antiquité. La première période de cette histoire comprend l'histoire de l'Égypte, où le roi représente, d'une manière plus effective, l'unité nationale, bien qu'encore placé sous la domination du prêtre. La seconde période nous offre le développement régulier du despotisme persan, qui réalise, dans sa plénitude, le triomphe matériel de la royauté antique sur la caste sacerdotale. Enfin la troisième période nous présente les républiques de la Grèce et de Rome, qui, brisant le monde ancien, finissent par l'engloutir les unes dans l'empire d'Alexandre, l'autre dans celui d'Auguste, et forment ainsi la transition générale de la société païenne à la société moderne. L'antiquité, impuissante à s'élever au-dessus d'elle-même, se termine donc par l'établissement de la république païenne, et s'éteint, bientôt après, au sein des deux empires dans lesquels cette république vient s'ensevelir : de sorte que l'histoire de ces empires présente une période de transition qui, quant à l'unité de l'histoire ancienne, est proprement une époque de décadence.

Bien que, comme nous allons le voir, l'histoire moderne parcoure des phases analogues, on peut, au premier regard, mesurer toute la distance qui sépare le développement extérieur, fatal, du monde ancien, et le développement de plus en plus spirituel, de plus en plus libre, du monde moderne; par conséquent, la caste sacerdotale et le clergé catholique, la royauté antique et les deux formes essentielles de la royauté moderne; enfin la république païenne et le corps organique qui viendra former, à son heure, la république chrétienne. Aussi, rien n'accuse plus l'ignorance de la loi qui règle le développement de la société, que de prétendre, comme on l'a fait, que la république n'apparaît qu'à l'origine des peuples ou aux époques de décadence. Ainsi que la monarchie, la république ne saurait être grande et féconde que dans deux périodes de l'histoire qu'un monde sépare l'une de l'autre; elle ne saurait revêtir que deux formes naturelles, qui terminent et couronnent, chacune à son heure, le développement d'une civilisation humaine. Hors de là, elle n'est qu'une fiction ou une imitation sans consistance, et reste plus ou moins stérile, si même elle ne devient pas destructive. Elle est nécessairement, pour l'histoire humaine, le plus beau des triomphes ou le plus grand des périls. Ce n'est donc nullement, comme on l'a prétendu, la république antique qu'il faut rapprocher des royautés modernes. On ne saurait, avec l'antiquité, mettre en parallèle que l'antiquité. C'est, au contraire, avec les royautés orientales et, en particulier, avec le despotisme persan que la Grèce et Rome doivent être comparées : ce n'est que dans ce rapprochement qu'on pourra comprendre tout ce qu'elles furent. On ne saurait, sans inconséquence, vouloir rapporter aux deux formes de la royauté moderne une autre république que la république moderne ; et, ainsi que nous le montrerons, les éléments nécessaires à la fondation de cette république ne sont pas encore présents dans la société. Comme la république païenne ne pouvait paraître dans sa gloire qu'à la dernière heure du monde ancien, la république moderne ne saurait naître qu'avec la dernière période du développement de la société, et, par conséquent, qu'après la dernière transformation du principe chrétien. Aussi, toute république qui veut se produire avant cette heure, manquant du fondement qui seul peut la rendre nouvelle, ne saurait être qu'une imitation stérile de la république païenne, ou, dans le meilleur cas, une préparation plus ou moins directe à la république moderne, un signe avant-coureur des temps. Encore faut-il qu'elle ne tombe pas tellement en dehors du courant de l'histoire, qu'elle ne soit plus qu'un moyen pour le so-

cialisme, ou je ne sais quel compromis entre le socialisme et la société.

L'histoire moderne parcourt donc des phases analogues à celles que l'histoire ancienne a parcourues.
Mais si la loi du développement est la même, le développement lui-même n'en demeure pas moins très
différent. Comme le principe sur le fond duquel il
s'opère est, de sa nature, infini, la société moderne
acquiert le pouvoir de s'organiser avec une liberté
croissante. Aussi travaille-t-elle à faire disparaître
les causes qui séparent ou isolent les hommes, à
mesure que l'Église, en devenant plus spirituelle,
lui en fournit les moyens. Elle ne saurait donc cesser d'être nourrie et vivifiée par le principe religieux sans marcher directement à l'état socialiste.
Néanmoins son développement se poursuit avec une
telle indépendance que, pour qui n'y regarde pas
de plus près, il semble ne plus s'opérer qu'à la sur-
face ou aux extrémités de la vie politique.

Dès lors, appelée par son principe à se dévelop-
per dans le domaine de l'infini, la société moderne
reproduira, spiritualisées et agrandies, les trans-
formations que l'antiquité n'a subies que dans les
limites du fini.

De même que le développement de l'antiquité
grecque a dû être précédé par celui de l'Inde, de
même le développement de la société moderne a
reçu, dans l'Église primitive, une première forme,
espèce de préparation exclusivement religieuse. Je
dis exclusivement, parce que le principe social,

désormais plus indépendant du principe religieux,
rend l'institution de l'Église à la fois possible et
nécessaire. L'histoire de l'Église primitive offre
ainsi, sur un premier plan, la série des périodes
que, pour accomplir l'œuvre de son organisation,
la société moderne devra parcourir sur une échelle
de plus en plus vaste. Car l'Église apostolique comprend proprement trois Églises spéciales qui, comme les trois phases du développement de l'Inde,
sont, en se reproduisant dans leur plénitude, destinées à devenir la source du monde moderne.

En effet, la première de ces trois Églises institue
proprement la communauté « judaïsante. » Cette
communauté, se fondant d'un côté sur le principe
objectif de l'autorité de la loi divine, d'un autre,
sur le fait correspondant de l'obéissance extérieure,
établit directement la légalité de la vie morale. Elle
fut représentée par saint Pierre.

La seconde Église apostolique, opposée de direction à la précédente, et assez supérieure à cette
dernière pour lui enlever l'initiative, sans l'être assez pour la comprendre en elle ou ne s'en pas sé-
parer, repose sur le principe subjectif de la foi
justifiante. Elle fut, chacun le sait, fondée par saint
Paul. Avec une dialectique que rien n'arrête ou
n'effraye, cet apôtre vint, à son tour, établir la moralité des œuvres de la Foi, par opposition à celles
de la Loi, qu'il repousse absolument comme mortes.
De là naquit la grande lutte qui remplit cette période.

Enfin apparaît une troisième Église qui, fondée sur le principe de l'amour spirituel, réunit en elle les deux Églises précédentes, les complète ou les glorifie, et couronne tout leur développement. Cette Église a pour représentant « l'apôtre que Jésus aimait. » Le principe sur lequel elle repose comprend, en effet, les deux principes précédents, les rapproche et, pour ainsi parler, les réconcilie en les spiritualisant ou les complétant. Car il rend la loi intérieure en la faisant pénétrer dans la conscience morale c'est-à-dire en « l'accomplissant; » et, d'un autre côté, il élève la foi jusqu'à la « vue spirituelle, » ou la transforme en une intime « possession » de Dieu, en un commerce immédiat avec le « Père des esprits. » « Celui qui aime *voit* Dieu; » et ailleurs : « Dieu est amour, et celui qui demeure dans l'amour demeure en Dieu et Dieu en lui [1]. »

Chacune des phases que parcourut l'histoire intérieure de l'Église primitive fonde une théologie spéciale et, par conséquent, institue une organisation particulière de la communauté chrétienne. Car l'homme ne saurait acquérir la possession d'un principe, c'est-à-dire une vie spirituelle, en un mot, s'unir avec Dieu dans la mesure déterminée par ce principe, que d'une manière morale et, par conséquent, successive. Aussi, lorsque le développement de l'Église primitive a atteint sa limite naturelle, le principe de cette Église doit sortir de son isolement, et, après s'être déployé dans sa sphère, étendre ses conquêtes

____

[1] 1 Épitre de saint Jean, IV, 16.

au dehors ou se produire pour le monde, en laissant s'épanouir librement tous les germes qu'il contient. Et ainsi, les trois Églises apostoliques, s'humanisant de plus en plus, viendront fonder les trois périodes essentielles de l'histoire de la société moderne. Abstraction faite de la forme que doit lui faire revêtir le génie de chaque peuple, l'histoire moderne, ramenée à sa source, offre donc le développement régulier du principe des trois Églises apostoliques, qui, pénétrant dans la société humaine, aspire de plus en plus à la rendre organique. Ainsi, son développement terminé, l'Église primitive doit tout naturellement disparaître pour faire place aux trois Églises dans lesquelles elle viendra successivement renaître, transformée et agrandie.

La première période générale de l'histoire de la société moderne s'ouvre ainsi avec l'Église de Rome, qui, proclamant d'un côté le principe de l'autorité objective, de l'autre celui de l'obéissance immédiate, institue directement le mérite légal des œuvres. Cette Église rend, dès lors, la communauté « judaïsante », établie par saint Pierre, pour ainsi parler universelle, et son activité aussi féconde qu'elle pouvait l'être en conséquences générales. Par son développement naturel, le principe « romain » accomplit dans le domaine social, comme l'Égypte au début de l'antiquité, le triomphe extérieur du clergé, et favorisa la lente formation de la royauté catholique. Dès lors, cette période se divise en deux époques successives, dont la première présente le règne immédiat du clergé, la seconde la formation et le développement de la royauté absolue, qui est, par le principe, essentiellement catholique. Aussi l'Église, d'où dérive toute l'histoire de cette vaste période, fait du ciel un empire en quelque sorte terrestre, et établit, dans les rangs du clergé, une hiérarchie sacerdotale, et entre ceux de la société une hiérarchie d'ordres dont les degrés offrent la fixité qui la caractérise. C'est ainsi que du sol de l'Église romaine naissent peu à peu la civilisation catholique, l'art, la science, l'État, en un mot toute la société catholique, car le principe de cette Église a été la racine vivace, la souche mère de tout le développement qui s'est opéré dans cette suite de siècles, la cause des réactions diverses que Rome a vu naître autour d'elle.

Mais si cette période a l'avantage d'ouvrir l'histoire moderne, elle en a aussi l'inconvénient. Car elle doit nécessairement et dans tous les sens revêtir le caractère extérieur, légal, que lui impose le fait de commencer l'œuvre, de jeter le fondement de la société nouvelle. Le principe qui la régit ne saurait donc sortir de ses limites naturelles, et cesser d'être ce qu'il est. Et une fois les germes qu'il renfermait pleinement développés, une fois qu'il a produit toutes les conséquences qu'il devait produire, il perd toute initiative, devient de plus en plus stérile, et finit même par être un obstacle au développement de la société qu'il a fondée. Le principe romain ne saurait se refuser à cette conséquence sans annuler tous ses droits à la belle mission qu'il a remplie. S'il ne veut pas retenir les nations catholiques dans une impuissance funeste, s'il ne veut pas livrer leur développement à d'inextricables contradictions, il doit se hâter de subir une transformation devenue nécessaire.

Dans le domaine social, le principe catholique a soutenu le règne de la noblesse ou favorisé le développement exclusif de cet ordre.

La seconde période générale de l'histoire de la société moderne s'est ouverte, au seizième sièle, avec la réformation. Cette transformation religieuse, partant du principe subjectif de saint Paul, la foi justifiante, a de plus en plus affranchi la conscience individuelle du règne, désormais oppressif, de l'autorité extérieure. La période que ce principe a fondée vint dès lors, par son développement naturel, humaniser l'Église de « l'apôtre des gentils. » Mais le caractère tout opposé de la période précédente, rejetant l'Église nouvelle dans un isolement relatif, a puissamment contribué à rendre exclusive encore la forme de son principe. Intérieurement supérieur au principe catholique, et appelé, par suite même, à une lutte continue, le principe protestant n'eut guère le choix des moyens, et dut transformer son développement en une victoire perpétuelle. Il se vit, dès l'abord, contraint d'opposer à la civilisation catholique le génie naissant de la civilisation protestante, et, exclusif dans un autre sens, il dut, à son tour, repousser tout ce qu'il ne pouvait encore comprendre en lui. Aussi, quoique destiné à poursuivre le développement du principe catholique, il n'était pas assez supérieur à ce principe ou, si l'on veut, assez spirituel, pour accomplir, en la facilitant, sa transformation naturelle. Cette période, qui opère le déchirement de la société chrétienne, continue donc, sous la forme de l'opposition, le développement de la période précédente, et restreint incessamment l'influence du principe catholique, auquel elle enlève peu à peu la direction de l'histoire.

Ainsi, le principe protestant, portant de plus en plus le développement de la société moderne au delà du point où l'avait laissé le principe catholique, rendit de moins en moins effective l'action de ce principe sur le monde. Le principe « romain » eut dès lors, plus ou moins, une existence factice. Aussi est-il tombé dans un isolement si profond, qu'il ne saurait revivre pour le monde ou faciliter l'organisation définitive de la liberté moderne, sans subir une transformation qui le rende réellement universel. D'un autre côté, en prenant l'initiative et en agissant à son tour sur la société, le principe protestant a pu produire ses conséquences naturelles. Mais, ne pouvant plus désormais répondre aux besoins qu'il a fait naître, épuisé par son développement, il laisse, en se retirant, un vide immense autour de lui, et rend sa transformation plus facile et non moins nécessaire que celle du principe catholique. Après avoir doté l'Europe d'une civilisation nouvelle, ou l'avoir ainsi rajeunie, il a, à son tour aussi, perdu l'initiative. Et, comme il n'a reçu d'autre mission, comme il ne possède d'autre pouvoir que celui de fonder la seconde période de l'histoire moderne, il ne saurait, sous aucun rapport, poser le faîte du nouvel édifice.

Le vide immense qui règne au fond de la société, et dont on s'efforce vainement de se déguiser la profondeur, n'est donc que la conséquence très naturelle de l'épuisement nécessaire des deux principes qui ont, jusqu'à cette heure, régi le cours de l'histoire moderne. Cet épuisement qui tend, d'un jour à l'autre, à devenir absolu, rend redoutable l'apparition du socialisme. Et, puisque le vide que nous signalons compte, dans le développement de la société moderne, comme moment de transition, il est certain que le socialisme ne se retirera que devant l'application d'un principe qui puisse remplir les besoins de notre siècle, ou qui réunisse, dans une unité supérieure, les deux principes rivaux, désormais débordés. C'est-à-dire que le principe protestant et le principe catholique rendent également nécessaire une transformation universelle de l'Église. Sinon, la société moderne manquant, à l'avenir, de fondement et, pour ainsi parler, de sol, et ne pouvant, dès lors, arriver à son unité naturelle, est d'avance dévouée au socialisme, au communisme et à la destruction. Car, dans ses formes diverses, le socialisme n'est, en principe, que la prétention de l'État de répondre, sans autre secours, aux besoins que le développement de l'Église a fait naître. L'État devant dès lors accomplir, sans le principe religieux, cette union féconde des individus, qui, à moins de n'être qu'animale, c'est-à-dire d'être impossible, commence toujours par être une union avec Dieu, et se trouvant ainsi engagé à remplir, seul, tous les besoins de l'homme, se voit contraint à remplacer, c'est-à-dire à nier l'Église, et, pour pouvoir être tout, à détruire la conscience humaine dans l'homme. A dire vrai, le socialisme est, eu égard au temps où nous sommes, la plus audacieuse des contradictions. Ses prétentions démentent étrangement ses désirs : il ne prétend à rien moins qu'à refaire sans Dieu, la création de Dieu. Ce sont les promesses ingénieusement décevantes d'une formule vide ; cela même qu'il pourrait avoir d'utile se trouve frappé de stérilité par le manque de consistance intérieure et, pour ainsi parler, de substance humaine. Or, le principe protestant, ayant pénétré dans la conscience morale à une plus grande profondeur que ne pouvait le faire le principe catholique, a aussi élevé une digue plus forte contre le flot envahissant du socialisme moderne. Et ainsi il est naturel que cet étrange système ait jeté sa racine la plus tenace au sein de la société française.

Les germes que le principe protestant avait déposés dans le sol, s'épanouissant l'un après l'autre, ont de plus en plus assuré le triomphe de la monarchie constitutionnelle, le fait politique et social par excellence qui découle de la Réformation. Car

le principe catholique et, par suite, la monarchie
absolue, remettant l'autorité souveraine entre les
mains d'un seul, s'étaient développés au profit d'une
volonté absolue. Le principe protestant et, par suite,
la monarchie constitutionnelle, déposant, au contraire, cette autorité dans les formules de la loi
écrite, ont établi l'abstraite égalité des droits, que
la république chrétienne rendra, sans doute, plus
positive et plus morale. Mais, nous l'avons dit, aucun des deux principes qui, jusqu'à cette heure,
ont réglé le cours de l'histoire moderne, ne présente une unité assez spirituelle, assez vaste pour
rendre possible l'établissement de cette république.
La monarchie que nous appelons « protestante »
correspond ainsi directement au despotisme persan
dans l'histoire de l'antiquité; et toute république
qui repose sur le fondement de la civilisation catholique ou de la civilisation protestante, ne saurait
être définitive ou remplir la mission de la république moderne.

Avec le triomphe de la monarchie constitutionnelle, le principe de la Réformation a, de plus en
plus, facilité le développement de la bourgeoisie
moderne. Foyer rayonnant de la civilisation protestante, ce principe donna un libre essor au génie
de l'industrie, nourrit, pour ainsi dire, de sa substance le développement de la pensée, et demeura
le centre de toute la vie dont cette civilisation était
la forme naturelle. Aussi, débordant de plus en plus
l'unité du catholicisme, cette centralisation bril-

lante mais peu compréhensive, dont la formule revient toujours au trop fameux « l'État, c'est moi, » ce principe, par l'élan qu'il dut imprimer aux esprits, rendit, de tout point, l'unité plus intérieure, et féconda bien des germes que le principe catholique devait laisser stériles. Mais, comme son unité n'en demeure pas moins trop exclusive pour garantir la liberté de toutes les consciences ou devenir véritablement personnelle, les éléments qu'il laissait hors de lui, les hauteurs qui le dominaient ne lui permettaient pas d'accomplir l'union de toutes les classes sociales. Il a, sans doute, pour l'étendue et la profondeur, laissé bien en arrière l'unité catholique. Néanmoins, comme la mission qu'il a reçue consiste à préparer le sol pour la dernière transformation de l'Église, il ne pouvait conduire la société que jusqu'au seuil de l'unité spirituelle.

Ce principe devait donc tout naturellement communiquer son caractère au développement prodigieux de la science et de l'industrie qu'il a peu à peu suscité. Aussi, en plaçant l'Allemagne pour la pensée, l'Angleterre pour la fabrication, à la tête de l'histoire moderne, a-t-il laissé la société sans défense contre les dangers qui devaient provenir d'une philosophie trop « formelle, » trop extérieure encore, et d'une extension indéfinie des rangs du prolétariat. Car la théorie, se trouvant, sur cette vaste échelle, encore séparée de la pratique, chacune des deux directions dut se poursuivre à part sans pouvoir se compléter par l'autre, ou échapper au désavantage de cet isolement réciproque.

Une autre conséquence du même fait, c'est que le développement des germes que le principe protestant avait déposés dans les esprits, s'est essentiellement opéré par le moyen et dans l'intérêt de la bourgeoisie moderne, qui, vis-à-vis des autres classes, en a peu à peu acquis une importance particulière. Par la position qu'elle occupait, cette classe était spécialement appelée à faire pénétrer dans la vie sociale les conséquences du nouveau principe, et à recueillir les plus beaux fruits de l'œuvre qu'elle accomplissait. Aussi, dans la société qui s'élevait sur le fondement de ce principe, la noblesse allait se trouver insensiblement mise à l'écart. Le développement de la société protestante ne pouvait donc procurer à la bourgeoisie les moyens de s'unir définitivement à la noblesse, et de pourvoir à l'organisation de la classe des prolétaires. Aussi, la bourgeoisie moderne, bien moins exclusive comme classe que ne l'avait été la noblesse, devait cependant l'être assez pour laisser un aliment à cette guerre sociale dont les deux phases essentielles correspondent aux deux premières périodes de l'histoire moderne, ou sont la conséquence naturelle de la séparation nécessaire des deux Églises, source vivante de cette histoire.

D'ailleurs, la société protestante, établie sur un principe plus substantiel ou, si l'on veut, plus moderne, doit présenter un développement plus profond, plus intérieur, plus complet; circonstance qui rend d'autant plus tardive l'application des conséquences sociales du principe religieux.

Plus encore que les peuples catholiques et surtout que les nations protestantes, la société française renferme des éléments de contradiction qui rendent inévitables sa transformation ou sa chute. On pourra parvenir à prolonger la crise; on ne parviendra pas à changer la nature des choses. Pour que la France puisse guérir du mal dont elle souffre, il faut qu'elle en reconnaisse franchement les causes profondes et lointaines. A cette condition, on trouvera le moyen de transformer en paix durable ce repos factice entre deux orages.

Le développement de la société française s'est tout d'abord accompli sur le fond spirituel du principe catholique dont, comme nous l'avons montré, la France a conservé la forme. Mais, placé entre Genève et l'Angleterre, le génie français était trop ouvert au progrès, et, de tout point, trop intelligent pour ne pas, de quelque façon, subir l'influence des idées nouvelles. La France, d'ailleurs, ne pouvait impunément posséder le protestantisme, et elle ne le combattit pas sans se voir bientôt entraînée fort au delà de ce qu'elle voulait défendre. L'ennemi avec lequel elle était aux prises et qui, pour ainsi dire, la cernait de toutes parts, se trouvait être ce calvinisme qui, de Genève, avait envahi l'Occident et le Nord. Or, relativement au protestantisme germanique, le calvinisme, plus logique sans doute, se montrait bien moins vaste, moins

profond ou, si l'on veut, plus exclusif. Il ne parvint
à arranger ses doctrines en un système si complet,
si achevé et d'un tissu si ferme, qu'à condition de
rejeter l'un des termes de la contradiction, pour
lors insoluble, que recueillait, avec piété, le protestantisme germanique, de se renfermer dans ses
formules et, par ce point du moins, de se rapprocher de ce catholicisme dont il se montrait un si
impétueux adversaire. Grâce à ce double caractère
il fut, d'un côté, moins substantiel, moins savant;
d'un autre, bien plus vite arrivé au terme de ses
déductions, Calvin élevant, de sa propre main, le
faîte de l'édifice. Le rapide développement du principe que formula ce sévère génie devait, dès lors,
franchir bientôt les limites de la théorie, et déterminer l'application de conséquences sociales qui ne
pouvaient être moins exclusives que le principe.
Le calvinisme fit ainsi de plus en plus passer dans
le domaine social la transformation qu'il avait accomplie dans le domaine religieux. Avec sa logique
impitoyable autant qu'extérieure, il précipita l'Angleterre dans une révolution dont le foyer devait se
rallumer au cœur même de la France, sous l'action
des idées qui, nées du même principe, envahirent
le dix-huitième siècle, et vinrent enfin recevoir leur
forme définitive dans les systèmes de Rousseau.
L'Allemagne, au contraire, nourrie de la substance
même du protestantisme, qui comprenait, avec une
vérité plus profonde, des contradictions pour lors
vitales, subissait un développement plus lent, plus

fécond, et d'autant moins révolutionnaire ou né-
gatif par ses conséquences. La formule politique et
sociale à laquelle il devait aboutir, ne saurait donc,
pour être vraie, se produire que fort tard.

Ainsi, deux directions opposées, exclusives quoique à différents degrés, et que leur isolement réciproque rendait de plus en plus extérieures, ont
dominé le développement de la société française.
Les conséquences du calvinisme, les idées qu'il avait
inspirées ou dont il déterminait la marche, déta-
chèrent peu à peu la France du principe religieux
d'où dérivait la civilisation nationale, et minèrent
insensiblement le fondement de la société catholique, sans que le vide que laissait après elle l'É-
glise qui s'en allait, pût, de quelque façon, être
rempli. De ce moment, la société française se trouva
à la merci d'une théorie inconsistante qui, toujours
plus négative et moins substantielle, devait finir par
systématiser l'arbitraire avec l'aveuglement passi-
onné d'une logique incomplète. Le trop facile
courant de cette théorie, sa contexture factice et
spécieuse ne lui permirent pas de s'arrêter à une
contradiction assez grave pour être avertie à temps
et rendue plus avisée. La nature des éléments auxquels elle ramenait l'organisation sociale, pouvait
rendre l'application de ses doctrines non moins in-
considérée qu'impatiente, et devait communiquer
à la première révolution sa sanglante logique. Ainsi,
la société française glissa insensiblement vers le bas
de la pente ; et le sol manquant enfin sous ses pas,

elle fut au moment de voir le socialisme procéder à la destruction du principe religieux par la fondation de l'État panthéistique, qui est au terme de cette voie.

En effet, car c'est le point grave, et nous devons y insister, comment se refuser à voir que, le catholicisme perdant chaque jour du terrain par suite du développement de la science et de l'extension des idées qui dérivaient du principe protestant, le fondement religieux de la société française fut incessamment miné, sans pouvoir être, d'aucune façon, restauré par l'établissement, d'ailleurs si chétif, de l'Église nouvelle? Or, puisque le principe qui est la base de la vie sociale, se retirait faute d'être renouvelé, et que le calvinisme ne pouvait donner à la France que ce qu'il avait de moins substantiel, la société se trouvait tout naturellement sur la voie du socialisme. L'Église romaine, perdant de jour en jour le pouvoir de protéger et le droit de conduire la marche incertaine de la société, ne servait, en lui faisant obstacle, qu'à ramener au besoin celle-ci sur la même route. De là, d'un côté, cet isolement fâcheux des classes sociales, obstacle insurmontable à la formation d'un corps social organique ; d'un autre, le développement rapide, mais irrégulier, incomplet de ces classes, et les prétentions malheureuses, inconsidérées, destructrices qu'il devait entretenir. Au fait, ce qui nourrit le plus la vanité qui nous est propre, n'est assurément pas ce qui devrait le moins servir à nous humilier. La révolution, qu'on a si bien idolâtrée, nous a tenu parole, et nous ne saurions trop nous plaindre d'être encore attachés à son char.

Or, s'il y a contre le mal quelque remède efficace, il est, d'après tout ce qui précède, certain qu'on ne saurait obtenir une guérison sérieuse qu'au moyen d'une transformation générale de l'Église, dont chacun peut contribuer à diminuer les périls. D'ailleurs, de toutes les nations catholiques, la France est incontestablement la mieux préparée à subir une telle transformation, puisqu'elle a, plus rapidement que toute autre, traversé le catholicisme sans devenir protestante, et qu'elle peut voir, de plus près, l'abîme où conduit infailliblement la direction qu'elle a suivie.

En effet, si dans le domaine social et dans celui de la science, comme dans la sphère religieuse, le principe catholique est décidément débordé, et si, d'un autre côté, le principe protestant épuisé a perdu aussi, à son tour, l'initiative, il est nécessaire que les deux Églises, qui sont le fondement de la société moderne, se transforment selon la loi de leur développement historique. Sinon, cette société, condamnée à rester incomplète, est désormais ouverte à l'invasion des systèmes communistes.

Or, il est impossible que l'unité catholique qui, par son caractère extérieur, se rapproche de plus en plus de l'unité socialiste, ou l'unité protestante, trop exclusive pour organiser l'union de tous les éléments sociaux, devienne, dans l'une des sphères de la vie humaine, l'unité définitive. Car il est impossible que, ces deux formes de l'unité s'excluant, elles puissent jamais, l'une ou l'autre, comprendre ou vivifier les éléments qu'elles repoussent. Et puisqu'elles n'offrent plus, contre le flot, de digue suffisante, l'heure de la transformation des deux Églises est arrivée, comme d'ailleurs le montre assez l'application possible des doctrines socialistes. L'unité spirituelle ou, si l'on veut, moderne, c'est-à-dire l'unité dont l'application pourra permettre à la société de triompher pleinement des contradictions qui ont surgi, doit donc opérer la métamorphose des deux termes de l'opposition que présentent, dans tout le cours de leur histoire, le principe catholique et le principe protestant. Or, il n'y a qu'un seul principe qui, par son développement, puisse opérer cette métamorphose ou conduire à cette unité, et ce principe, on le voit, est celui de l'amour spirituel, en d'autres termes, le principe de la personnalité morale. Il n'y a pas d'autre moyen d'organiser une union qui ne soit pas factice, de tous les éléments divisés, de gravir le dernier sommet de l'histoire moderne, de répondre raisonnablement aux besoins de notre siècle, ou de ne mentir ni à l'avenir ni au passé. Et, en effet, la nécessité historique et morale de la transformation dont nous parlons, est démontrée par tout le développement de la civilisation antique et de la civilisation moderne, et, en particulier, par le prototype religieux que nous offre l'Église primitive. Nous ne venons donc nullement proposer un de ces systèmes incomplets, vides ou factices dont la France même n'a pu se défendre, parce que, nation pratique sans doute, elle n'en a pas moins, de nos jours, manqué de théorie sérieuse et d'application sûre. Il s'agit ici de la réalité par excellence, de la loi même du développement de la société, de ce qu'il y a de plus historique dans l'histoire, de plus humain dans le passé, du fait même de tous les faits. Et, si chacune des phases qu'a parcourues l'histoire de l'Église apostolique; si chacune des trois Églises que cette Église comprend, présente, avec sa vie propre, son organisation et sa théologie; si, enfin, l'Église de saint Pierre et celle de saint Paul aspirent incessamment à l'Église de saint Jean, comme à leur « accomplissement » naturel, le principe catholique et le principe protestant, avec la société que chacun d'eux a fondée, aspirent, d'une manière plus ou moins directe, mais non moins naturelle et nécessaire au principe de l'amour spirituel, dans lequel ils ont tout à la fois leur source et leur unité. Si bien qu'à moins que ce principe ne s'incarne dans l'Église chrétienne, le développement de la civilisation catholique et celui de la civilisation protestante manquent de sens, d'achèvement, ou ne sont pas justifiés. Si donc les deux premières périodes du développement de l'Église primitive se sont reproduites et humanisées dans l'histoire moderne, si le principe de chacune des deux premières formes de cette Église a, dans ses limites, rempli les pro-

messes qu'il avait faites , la troisième période de ce
même développement doit, à bien plus de titres, se
reproduire dans sa plénitude et sa grandeur. C'est-
à-dire que, sous l'influence du principe de cette
période, les barrières, désormais factices, que le
passé avait élevées, tomberont l'une après l'autre,
et que la transformation paisible de la société faisant disparaître la cause des divisions qu'entretient
ce socialisme jaloux qui n'en est que la désolante
caricature, opérera la réconciliation durable de tous
les éléments ennemis.

Le principe de la charité n'est assurément pas
moins précis, pour être moins exclusif, qu'aucun autre; il est le seul principe qui soit assez spirituel
pour répandre la lumière sur les contours indécis
de tout autre principe, et il domine toute l'histoire
où se présente comme le principe de tous les principes, la vie même dans sa plénitude et sa beauté.
Il est impossible de concevoir un principe plus vaste,
plus absolu et, en même temps, plus compréhen-
sif et plus pratique. Dans l'application de ses conséquences, il réunit, sans contrainte, ce que l'histoire a divisé, fait disparaître, sans effort, toutes les
formes de l'arbitraire, introduit la liberté au sein
de l'ordre, ou place dans chacun le centre moral
de la société, en élevant chacun à l'état de membre
parfaitement libre du corps social qu'il organise.
Dès lors chaque individu sentant, pour ainsi parler,
vivre les autres au fond de sa conscience, la société
offre les conditions d'une paix qui la rend intérieu-

rement organique. Selon qu'il en est autrement, la société est encore hors de l'individu, et l'individu hors de la société, qui reste, dans un degré correspondant, mécanique, partant oppressive; et l'organisation du corps social demeure toujours impossible.

La théorie, c'est-à-dire le développement des principes, et l'histoire, c'est-à-dire le développement des faits, celui de la nature humaine et, en particulier, la marche si régulière de l'Église primitive nous amènent à conclure que la troisième période, le couronnement de l'histoire moderne, l'union de toutes les classes a pour condition fondamentale la transformation des deux Églises, source désormais tarie de la civilisation européenne; et que cette transformation, qui doit rendre l'histoire de plus en plus spirituelle ou de moins en moins exclusive, réalise « l'accomplissement » définitif de l'Église que fonda le « disciple que Jésus aimait, » c'est-à-dire le développement de tous les germes contenus dans le principe de cette Église, et, par suite, de la science dont ce principe est la source, enfin, comme conséquence, l'organisation libre et naturelle de la société humaine.

Car, comme les deux vastes périodes que la société moderne a traversées dérivent du principe des deux Églises chrétiennes maintenant débordées, la période qui termine naturellement le cours de l'histoire moderne doit aussi, pour n'être pas un vain mot, s'ouvrir par la seule transformation religieuse

qui peut opérer la réconciliation intérieure de l'É-
glise catholique et de l'Église protestante, ou rendre réellement humaine l'unité de ces deux Églises.

Or la vie sociale qui naîtra du principe de cette
transformation, rapprochant de plus en plus les
cœurs, fera pénétrer dans toutes les institutions un
esprit de charité, de large justice et de confiance,
qui rendra de toute façon plus facile le soulagement
de la souffrance, l'organisation du prolétariat et l'extinction du paupérisme. Ainsi se formera peu à peu
cette société active, dont la vie ne sera plus com-
primée par des formules mécaniques, et dans laquelle chacun ne sera pas moins libre qu'uni, de
fait, à tous les autres; ainsi s'ordonnera enfin ce
corps organique que, malgré les sinistres images
que ce nom a éveillées, nous appellerons la République moderne, et qui viendra couronner, un jour,
tout le développement de l'histoire humaine.

Aussi, toute tentative d'organisation sociale, qui
ne prendrait pas pour base la transformation religieuse que nous venons d'indiquer, se condamne-
rait à rester stérile, si même elle ne devait pas être
destructive, et tendrait, de quelque façon, la main
au socialisme. Mais le renouvellement de l'Église,
source d'inspirations fécondes, viendra rajeunir notre société, ranimer ce « désert d'hommes, » remplir ce vide funeste dans lequel, incessamment
minée, cette société va disparaître, dissiper le profond malaise que l'isolement communique aux individus de toutes les classes, et donner enfin à la

science et à l'art leur forme définitive. Car, comme le principe que représente saint Pierre est devenu la source substantielle de l'art et de la science catholiques, et le principe qu'a formulé saint Paul la source de toute la civilisation protestante, le principe de saint Jean sera, et à bien plus de titres, la source d'une science plus profonde, d'un développement plus organique de tous les éléments qui doivent concourir à la formation définitive de la société humaine.

CHAPITRE V.

On doit, ce nous semble, comprendre maintenant pourquoi la transformation de l'Église peut seule, par ses conséquences, fournir les moyens de protéger efficacement la République française ou la forme politique qui pourra lui survivre contre les périls qui la menacent, de rendre au pouvoir la liberté d'initiative, ou d'arracher la politique au régime des demi-mesures. C'est-à-dire qu'il est certain que la république française ne saurait être, que pour autant qu'elle entre dans les conditions de la république moderne.

Car, d'abord, les personnes qui, par respect pour la société, s'apprêteraient à remplir les devoirs que la situation présente nous impose, ne sauraient travailler avec confiance à réunir les prolétaires, sans posséder les garanties morales nécessaires au succès de l'entreprise. Or, nous l'avons vu, une œuvre semblable demande à être envisagée comme une œuvre de dévouement, de justice morale. Elle doit être efficacement protégée contre toute espèce d'exploitation, et soutenue par la charité. Elle suppose, chez les hommes aisés, un amour actif des pauvres, chez ceux-ci, un respect non moins sincère pour les lois qui règlent le développement de la société.

Ensuite, quant à l'étendue, au but définitif de l'œuvre, il ne faut se faire aucune espèce d'illusion. Il s'agit de concourir, chacun selon son pouvoir, à l'organisation de la classe des prolétaires; il s'agit de procurer à cette classe les moyens de se constituer, de pourvoir elle-même à ses besoins, de régler ses intérêts et, par son union avec les autres classes, de rendre l'unité sociale réelle et la liberté positive. Sinon, ces classes juxtaposées ne sauraient, sous aucun rapport, former un corps organique ou constituer une société humaine, et doivent naturellement rendre impossible la formation d'une unité durable. Pour jouir d'une paix sociale assurée, l'isolement, le vide dans lequel chaque classe s'agite, doit faire place à une activité que l'union régularise. Car, si l'une quelconque de ces classes devait être annulée ou détruite, les intérêts qu'elle représente disparaîtraient en même temps, et la guerre sociale se rallumerait aussitôt. Il s'agit donc de leur fournir les moyens de se pénétrer incessamment l'une de l'autre, ou, sans sacrifier aucun intérêt, de se transformer en s'unissant. C'est la seule manière possible de vaincre la révolution. Or, pour qu'un tel rapprochement s'opère, pour que ces classes parviennent enfin à former une société humaine, il faut que chacune d'elles puise sa vie dans le même principe, repose sur le même fondement, ou éprouve le même besoin de se compléter par les autres.

Je le demande maintenant à la conscience de chacun. Au sein d'une civilisation qui, manquant de fondement, d'appui solide, menace de crouler au premier jour; au milieu des défiances, des jalousies et de toutes les espérances ennemies que l'impuissance de cette civilisation entretient et rallie contre elle; avec un développement de l'industrie qui, grâce à la concurrence illimitée, absorbe insensiblement les petites fabriques dans les grandes, et tend à changer la population des villes manufacturières en une population de prolétaires dominée par quelques grands marchands: comment une transformation sociale qui présuppose un tel respect pour l'homme, parviendrait-elle à s'opérer, si toutes les classes ne sont pas comprises dans une unité spirituelle qui rapproche librement les cœurs, et, diminuant cet isolement, remplisse ce vide funeste qui est le mal de tous nos maux? Comment communiquer la vie à l'unité qu'on poursuit, comment rendre cette unité commune à toutes les sphères de l'activité humaine, la faire pénétrer au cœur même de la société, si cette société ne possède pas un principe qui la vivifie ou puisse efficacement la protéger contre l'unité stérile et morte du socialisme? Et comment une unité dont les éléments n'existeraient pas dans la conscience morale du peuple, ou qui ne se serait pas comme incarnée dans cette Église renouvelée où tous « se rencontrent et s'entrebaisent, » pourrait-elle communiquer à la vie sociale et, par conséquent, à la vie politique une réalité qu'elle ne possède pas?

Il n'est pas d'autre moyen de protéger efficacement l'œuvre que nous avons recommandée contre la désolante raideur d'une administration mécanique, et tout ce qui, sous ce rapport, tend à détruire la confiance du prolétaire, à éteindre dans son cœur l'espérance, et à rendre, du même coup, impossibles l'union et l'unité. Il n'est pas d'autre moyen d'arriver à une unité moins superficielle, à une centralisation moins égoïste et plus vraie, à une institution politique plus morale, moins mécanique, plus humaine; d'élever incessamment les provinces au niveau de la capitale, la capitale au niveau de la nation, la nation à la hauteur de l'humanité; en un mot, d'élargir la base sur laquelle la civilisation repose. Il n'est pas d'autre moyen d'étendre la sphère du travail, de le faire servir, à la fois, d'aliment à la liberté et de contrepoids naturel à une concurrence sans entrailles, d'entretenir une activité sereine et de multiplier cette richesse vivante qui se répand, circule et se reproduit incessamment. Car c'est alors que tous se soutiennent et s'entr'aident au moyen des fonctions qu'ils remplissent et des institutions établies; alors que tous les travaux sont dans tous les travaux, toutes les vies dans toutes les vies ; alors que chacun, en travaillant pour les siens, rend le travail d'autrui plus facile et en même temps plus productif.

On cherche le moyen d'allier, d'une manière naturelle et sûre, la liberté de la presse avec l'ordre civil. Disons, en passant, que cette question, comprise dans celle que nous avons traitée, doit naturellement recevoir la même solution. Car, aussi longtemps que la société moderne ne sera pas définitivement constituée, on doit s'attendre à voir la presse diriger contre elle des attaques qui ne pourront être réprimées que par des lois directes, nécessairement insuffisantes. Indiquer, comme nous l'avons fait, les moyens d'organiser la classe des prolétaires, et avec eux tout le corps social, c'est, en même temps, tracer la route à suivre pour associer effectivement la liberté et l'ordre, c'est-à-dire pour rendre la liberté positive et l'ordre intérieur.

Sans la transformation de l'Église que nous avons déterminée, il est impossible de ramener efficacement l'esprit religieux au sein de la société moderne, et, de fait, assez puéril de songer à l'y faire revivre. L'illusion, à cet égard, aurait des suites extrêmement graves. Les accommodements au moyen desquels on s'efforce de ramener des doctrines qui ne sauraient plus satisfaire au besoin des temps, marquent assez toute leur insuffisance. Le catholicisme et le protestantisme se montrent définitivement détrônés, et désormais stériles. Pourquoi vouloir persister dans ce fatal mensonge, et rendre l'avenir garant d'une fiction si dangereuse? Les besoins nés du développement du principe religieux demandent, pour le coup, la protection d'une Église plus chrétienne que les Églises du passé, aspirent à une union plus libre, plus vivante des cœurs, et réclament l'application générale des conséquences du principe sur lequel tout le christianisme repose. Ce principe, centre vivant de l'Église, dans lequel tous les autres sont comme transfigurés, et qui doit porter à toute sa hauteur le développement de la moralité humaine, est le trésor caché que cherchent toutes les souffrances, auquel tendent tous les vœux de notre siècle. Comment, dès lors, soumettre sa conscience à l'empire de principes de plus en plus étrangers à nos plus intimes besoins? De nos jours, adresser simplement les catholiques au catholicisme et les protestants au protestantisme, c'est demander la délivrance du malaise qu'ils éprouvent à la cause qui l'a fait naître. Et à quoi bon un semblable conseil? Il faut enfin, à propos d'objets si graves, renoncer à ces illusions, abandonner ces préjugés, secouer cette paresse morale qui seconde si bien les efforts de l'ennemi. Le socialisme a, du moins, cette utilité qu'il nous contraint à lui opposer un principe plus vaste et, pour combattre son influence, à sortir de l'état d'isolement dans lequel nous nous trouvons. Car, assurément, il n'est pas vaincu pour être repoussé, et il ne cessera d'être redoutable que lorsque nous cesserons de rester impuissants.

Ainsi, l'Église ne saurait opérer le renouvellement, faire la conquête spirituelle du monde, le corps social devenir organique, la France échapper au joug des idées exclusives et aux périls d'une existence incomplète, sans une transformation définitive de la vie religieuse.

Or, nous avons, sur ce point, à signaler des devoirs de trois sortes : les devoirs de l'Église, les devoirs de l'État et, enfin, ceux des individus.

Nous ne saurions nous livrer, dans ces pages, à l'examen de ces devoirs, surtout des devoirs de l'État, qui ont pour objet l'affranchissement successif de l'Église du joug de la tutelle officielle, et des devoirs de l'Église, naturellement plus positifs, et qui embrassent la science, l'organisation ecclésiastique, la vie religieuse. Nous nous bornerons à faire observer que, pour pouvoir être renouvelée et ramener la société à elle, l'Église doit nécessairement jouir d'une liberté qui rende possible la transformation qu'elle est appelée à subir ; en d'autres termes, elle doit ne plus rencontrer, ni de la part de l'État, ni surtout de la part de l'orthodoxie officielle, d'obstacles à sa renaissance. Sans doute, dans la situation qui lui est faite, menacée de toutes parts, n'ayant que trop de ces amis, au zèle étroit, qui s'empressent de l'aider à périr par la manière dont ils entendent la défendre, elle ne saurait se renouveler sans être encore soutenue. Du reste, les circonstances locales la dirigeront sûrement dans le choix des moyens les plus propres à faire traverser plus vite cette période de transition. Mais ce que, dans tous les cas, nous devons réclamer en sa faveur, c'est que l'enseignement soit délivré des entraves que peut lui susciter l'orthodoxie officielle, ou plutôt de la tyrannie odieuse dans les chaînes de laquelle cette orthodoxie stérile retient encore la conscience chrétienne. En un mot, il faut que, par l'enseignement académique et religieux, par la science et la prédication, par toutes les formes d'évangélisation qui peuvent dignement répondre aux besoins de nos temps, l'Église demeure libre de se renouveler, et qu'elle ne soit plus enchaînée à elle-même ou à l'État, ni forcée de subir le sort d'une civilisation qui disparaît. Et à quoi bon laisser debout, contre le flot qui nous déborde, une barrière dangereuse à force d'être inutile, obstacle fatal à l'application de mesures plus efficaces? Pourquoi, contre la fougue sauvage des idées et des passions socialistes, recourir encore aux institutions dont l'insuffisance facilite le plus leur triomphe? L'Église ne saurait se refuser à renaître, sans rendre inévitable, par sa chute, la ruine de cette société dont, plus que jamais, elle est appelée à devenir le refuge. Il y a sans doute, on l'a dit, des précautions à prendre, et ce n'est guère sur ce point que nos temps sont en défaut. Mais, quoi que l'on fasse, il est indispensable de songer à rendre possible la renaissance de l'Église, si l'on veut que s'accomplisse un jour cette union de tous les cœurs, ce rapprochement facile entre les individus de toutes les classes, dont le socialisme travaille à reculer le moment.

Quant aux devoirs des individus, tout développement ultérieur nous paraît superflu, et il serait trop fâcheux qu'il en fût autrement. Chacun comprend qu'on a déjà fait la moitié de l'œuvre quand on a su la vouloir. Nous avons montré que les temps nous appellent à la possession d'une vie plus profonde, plus complète, plus large que par le passé. Ne pas y aspirer avec confiance, c'est manquer à notre mission. Et, comme l'observation du devoir est à la fois notre sûreté et notre gloire, toute négligence de notre part peut attirer sur nous et la ruine et la honte. Le respect du devoir n'étant qu'une des formes du respect de soi-même, c'est se mépriser dans les autres que de se refuser à concourir à l'accroissement de leur bien-être. Et pourquoi tant se récrier contre la tyrannie, si l'on se complaît à méconnaître les conditions de la liberté? Car assurément, si la liberté ne se trouve ni dans une résignation stérile, ni dans une vide formule, il n'est pas deux voies pour arriver à elle.

Sur la question des moyens d'action, nous nous contenterons de renvoyer chacun à sa conscience. Nous laisserons à cette conscience le soin de décider si l'habitude de jouer avec les questions graves, si le dégoût, l'ennui qu'entretient la dissipation que favorise une vie sans consistance, si un cœur qui n'a jamais connu les intimes joies du sacrifice, et qui s'éteint lentement dans cette indifférence

intéressée qu'on appelle l'amour de soi, si un esprit sans principes, une conscience sans convictions
ont quelque sens, quelque valeur en présence des
périls qui nous menacent. Nous laisserons à cette
conscience le soin de nous apprendre jusqu'à quel
point la fatale préoccupation qui a failli nous perdre
pourra nous servir à protéger les institutions, à assurer l'avenir des êtres qui nous sont chers. Non, il
n'est pas trop tard pour travailler à l'organisation
de la classe des prolétaires, si l'on a réellement
cette œuvre sacrée à cœur. Mais qu'on ne s'y trompe
pas : le témoignage de la conscience humaine et celui de l'histoire, que nous invoquons à si bon droit
contre le socialisme, élèvent contre nous une accu-
sation non moins grave, si nous négligeons d'accomplir ce qu'exigent de nous les temps. De quoi
s'agit-il, d'ailleurs, sinon de se montrer de plus en
plus digne de la place qu'on occupe dans les rangs
de la société, de remplir les obligations qui rendent
notre position morale, et de ne pas prendre occasion des périls qui nous menacent pour rentrer tout
doucement dans notre funeste repos. Que chacun
donc se prépare à se mettre à l'œuvre, selon que
ses besoins sont plus grands, le vide de son cœur
plus profond, la solitude plus vaste autour de lui,
et, sans s'autoriser des difficultés de l'entreprise
pour lui prêter un concours moins actif. Qu'on ne
l'oublie jamais, dans l'ordre moral, donner c'est
recevoir; et nous ne saurions nous occuper du bien-
être d'autrui sans travailler, en plus d'un sens, à

accroître le nôtre. Assurément, ce n'est pas sans but que Dieu a ébranlé le monde; et, si nous ne voulons pas le forcer de nous soumettre à une plus rude épreuve, il serait temps peut-être d'écouter la leçon.

Et d'abord, il faut que ceux qui ont à cœur de mettre la main à l'œuvre commencent à s'organiser, sans trop s'inquiéter des divergences d'opinions qui pourraient exister entre eux sur des questions accessoires ou étrangères. Il importe, avant tout, de ne pas rendre, par l'isolement, tous nos efforts stériles; et chacun sait que les forces que l'on puise dans l'organisation augmentent selon une progression géométrique, quand le nombre des associés s'accroît suivant une progression arithmétique.

Ensuite, il est indispensable que, de leur côté, les ouvriers travaillent à faire réussir l'entreprise, et que, élevés par la confiance qu'ils inspirent, il ne fassent repentir personne de les avoir assez respectés pour placer entre leurs mains les moyens d'améliorer leur sort.

Cette double union, avec les ressources qu'elle fournit, les moyens dont elle dispose, la confiance qu'elle inspire, le respect de l'homme qui en fait la base, est absolument nécessaire à l'achèvement de la société moderne, et l'on ne saurait, par une autre voie, arriver à des résultats satisfaisants.